基金项目：天津市社科规划项目"'全民健身'战略背景下京津冀……展研究"（TJTY17-003）

经济管理学术文库·管理类

京津冀休闲体育协同发展的
理论与实践研究

Theory and Practice Research on Coordinated
Development of Leisure Sports in Beijing, Tianjin
and Hebei Province

霍　亮／著

经济管理出版社
ECONOMY & MANAGEMENT PUBLISHING HOUSE

图书在版编目（CIP）数据

京津冀休闲体育协同发展的理论与实践研究/霍亮著.—北京：经济管理出版社，2018.11
ISBN 978 - 7 - 5096 - 6078 - 2

Ⅰ.①京…　Ⅱ.①霍…　Ⅲ.①休闲体育—协调发展—研究—华北地区　Ⅳ.①G812.4

中国版本图书馆 CIP 数据核字（2018）第 240750 号

组稿编辑：张巧梅
责任编辑：张巧梅　赵　丽
责任印制：黄章平
责任校对：董杉珊

出版发行：经济管理出版社
　　　　　（北京市海淀区北蜂窝 8 号中雅大厦 A 座 11 层　100038）
网　　址：www. E - mp. com. cn
电　　话：(010) 51915602
印　　刷：北京玺诚印务有限公司
经　　销：新华书店
开　　本：720mm×1000mm/16
印　　张：12
字　　数：180 千字
版　　次：2019 年 1 月第 1 版　　2019 年 1 月第 1 次印刷
书　　号：ISBN 978 - 7 - 5096 - 6078 - 2
定　　价：68.00 元

前　言

　　在经济全球化和区域经济一体化发展的形势之下，"京津冀协同发展"成为引导中国经济发展的强大动力，京津冀都市圈在信息传媒、科技创新、金融服务、文化体育等高端产业方面迎来了发展的战略机遇期，初步形成了较明显的产业梯度。随着我国工业化、城市化进程的不断加快，城市区域经济发展到一定程度的集聚效应和辐射效应，形成以大都市为核心的紧密型一体化的共生区域。以休闲体育为抓手，促进京津冀休闲体育资源的协同发展，满足京津冀群众参与体育健身休闲活动的需要，建设京津冀三地休闲体育消费产业，整合和开发休闲体育资源，推进全民健身计划的可持续发展，对促进三地城市发展都具有重要的现实意义。

　　近年来，随着经济文化的快速发展，人们的知识素质水平日益提高，从体育消费角度看，人们在体育娱乐上的消费逐渐由体育竞技转变到户外体育、旅游体育、体验体育、高雅体育、欣赏体育及人文体育等，人们更注重健康与精神层面。因此，发展京津冀休闲体育产业、更科学地抓住人群的消费心态、环京津体育产业建设必须转变理念，从注重竞技体育建设逐渐倾向符合大众不同层次的体育休闲项目的建设。

目　录

第二篇　休闲体育运动项目

第一篇　理论篇

第一章 休闲体育概论

随着社会的不断发展和人民生活水平的不断提高，"休闲"一词逐渐成为人们讨论的热点，成为现代社会一个非常流行的主题。然而究竟何为休闲，休闲从何而来，又具有哪些标志性的特点，它对人们的生活以及个人的发展又会带来什么样的影响，这些问题都是值得我们探究和学习的。

第一节 休闲概论

一、休闲的概念

何谓休闲？首先，我们从字义的角度进行考察。"休"在《康熙字典》和《辞海》中被解释为"吉庆、欢乐"的意思。"人倚木而休。"《诗·商颂·长发》中释"休"为吉庆、美善、福禄。"何天之休。"闲，通常引申为范围。多指道德、法度。《论语·子张》：大德不逾闲。其次，有限制、约束之意。《易·家人》：闲有家。闲通娴，具有娴静、思想的纯洁与安宁的意思。从词意的组合上，表明了休闲所特有的文化内涵。因而，它不同于闲暇、空闲、消闲。这个颇具哲学意味的象喻，表达了人类生存过程中劳作与休憩的辩证关系，又喻示着物质生命活动之外的精神生命活动。人倚木而休，使精神的休整和身体的颐养活动得以充分地进行，使人与自然浑然一体，赋予生命以真、善、美，具有了价值意义。

同样，在英文词义学的考证中，也可以看到相似的暗喻。英文"Leisure"一词来源于法语，法语来源于希腊语和拉丁语。在希腊语中休闲为"Skole"，拉丁语为"Scola"，意为休闲和教育，认为发展娱乐，从中得益，并与文化水平的提高相辅相成。这种精华含义以一定的受教育程度为前提，至今还存在，并将有社会价值的娱乐区别于其他娱乐。可见英文中"Leisure"休息的成分很少，消遣的成分也不大，主要是指必要劳动之余的自我发展，表明了休闲一词所具有的独特的文化精神底蕴。在拉丁语中，我们同样能找到这种排斥关系，因为，Otium（休闲、闲逸）的反意为 Neg – otium（字面意为事务、商业、劳动）。

亚里士多德在他的《政治学》一书中曾提出这样一个命题：休闲才是一切事物环绕的中心（That leisure is the center – point about which everything revolves，引自 Josef Pieper，Leisure The Basis of Culture）。

在马克思眼中，休闲一是指用于娱乐和休息的余暇时间，二是指发展智力，在精神上掌握自由的时间，是非劳动时间和不被生产劳动所吸收的时间，它包括个人受教育的时间、发展智力的时间、履行社会职能的时间、进行社交活动的时间、自由运用体力和智力的时间。[①]

休闲的一个重要方面，是把休闲从劳动状态与负有责任的其他活动中分离出来。这是人生存整体的一个组成部分。在某种意义上，它与马斯洛的人的需求五层次理论中最高级的自我实现的理念相一致。旨在巡查精神世界中人的创造力和鉴赏力，通过休闲促使人对生活（生命）进行思索，有助于人的全面发展和个性成熟，使人真正走向自由。它的价值不在于提供物质财富或实用工具与技术，而是为人类构建有意义的世界和守护精神的家园，使人类的心灵有所安顿、有所归依。它还以特有的精神理想赋予人的经济技术行为以真实的意义，使它与社会中占主导地位的政治、经济和科技力量保持一定的距离或

---

① 《马克思恩格斯全集》（第26卷，第3分册），人民出版社1975年版，第287页。

相对的独立性，从而可以形成一种对社会发展进程有矫正、平衡、弥补等功能的人文精神力量。

根据以上研究，我们把休闲的定义概括如下：休闲是指在非劳动及非工作时间内以各种"玩"的方式求得身心的调节与放松，达到生命保健、体能恢复、身心愉悦的目的的一种业余生活。科学文明的休闲方式，可以有效地促进能量的储蓄和释放，它包括对智能、体能的调节和生理、心理机能的锻炼，休闲是一种心灵的体验。以时间观点区分，一天24小时，减去生理时间（吃、喝、拉、撒、睡）和工作时间，其余剩下的时间称为闲暇，闲暇时间所从事的活动，可称为休闲。

二、休闲的起源

休闲之事古已有之。休闲一般是指两个方面：一是消除体力的疲劳；二是获得精神的慰藉。将休闲上升到文化范畴则是指人的闲情所致，为不断满足人的多方面需要而处于的文化创造、文化欣赏、文化建构的一种生存状态或生命状态。它通过人类群体共有的行为、思维、感情，创造文化氛围，传递文化信息，构筑文化意境，从而达到个体身心和意志的全面、完整的发展。休闲发端于物质文明，物质文明又为人类提供了闲暇，伴生了闲情逸致。休闲反映时代的风貌，是整个社会发展与变更的缩影。通过休闲，可以了解其他文化形式，也能了解人世沧桑的变化。休闲总是与一定历史时期的政治、经济、文化、道德、伦理水平紧密相连，并相互作用。

休闲活动的产生有两个方面因素：一方面，要具有休闲的动机；另一方面要具备休闲的客观条件。

美国著名的人本主义心理学家马斯洛的需求理论指出，人的一切行为都是由需要引起的。因此，动机的产生来自人体自身的需要。从本研究的休闲动机来看，可以分为生理层面的动机和心理层面的动机。生理层面的动机是基于人体维持、恢复生理平衡状态的需要。这种生理动机是先天的、本能的。例如：人们完成了一天的工作或学习以后，感到身体疲劳，这时候就产生了恢复身体生理功能的客观需要。心理层面的动机是基于人们维持心理平衡的需要，这种心理上的需要个体之间的差异较大，往往跟人们的工作性质、受教育程度、生活和工作环境等因素有关，心理性动机是人在社会生活中学习的产物，是后天的，是以知识为基础的。例如，生活在大城市中从事脑力劳动的知识分子，工作中体力消耗不大，但精神压力较大，因此繁忙之余就会非常希望到郊外呼吸新鲜的空气，放松心情、缓解工作的压力。

有了休闲的动机，还必须具备休闲的客观条件，休闲活动才能得以实现。在休闲条件中两个因素最为重要：一个是本身要有自由时间；另一个是要具有一定的经济条件。

现代社会人们的自由时间越来越多。现代科学技术的发展，改变了社会生产方式，人们的闲暇时间也越来越多，有人测算，人们约有1/3的时间是在闲暇中度过的。可见，休闲的第一个条件——自由时间——人们已经拥有。至于第二个因素——经济条件，相比较来说就要复杂得多。人们的经济收入差异较大，各个国家和各个地区的经济发展不平衡，地域差异、人群差异较大，但就总体而言，随着现代社会经济的发展，人们的经济条件有了巨大的改善，绝大多数人如果具备了参与休闲的经济条件，都会根据自己的经济条件在闲暇时间中选择自己的休闲方式。

三、休闲的特征

对于休闲特征的认识和理解，不同的文化层面有着不同的见解，但对休闲的本质特点和主要因素的表述均呈现出统一性。休闲的特征是通过人们的行为、感情、活动、精神等方式，营造休闲文化氛围，传递文化信息，提升精神境界，从而达到人体身心全面完整的发展。

清华大学著名哲学教授胡伟希先生，从中国儒、道、佛的哲学角度认为，休闲是一种生活方式，同时也是一种人生境界。从这个角度出发，作为一种哲学理念，胡伟希对休闲的特征做出了如下归纳和阐述：

（一）超越性

超越性指对当下生活的超越。我们平常人都生活在一个当下的世界里。所谓当下的世界还不是指"现时"，而是指我们的行为、思想乃至理想，以及趣味等，常常都是为"眼前"的东西所限制。休闲哲学要求我们，在确立人生目标时，要具有超越性，要超越跟前的一些事物，强调人的生活高级精神性追求与享受，而一个人的生活内容越具有精神性，则越具有超越当下生活的性质。

（二）主体性

休闲与其说是从外部世界获得一种满足，不如说是人的内心世界的一种追求。人不是被动地接受外部环境的决定，而是由我们的内在精神去驾驭环境。在这方面，充分显示出人的主体性。休闲哲学要强调的，就是在生活目标的设定上，以及人的行为方式的选择上，人所具有的这种主体性。而有无主体性，正是人区别于动物之所在。在价值追求上，主体性的强弱也正是不同的人生境界得以划分的重要标志之一。

（三）日常性

休闲哲学之所以不同于一般的人生哲学，在于它要将种种的人生理想、追求，以及价值体现于日常生活世界。就是说，对于休闲哲学来说，它不是空谈哲理，而是通过人的具体生活，包括行为模式、生活内容，以及行动风格等，来展示人格理想、生活价值。故休闲哲学追求的是理想与现实的合一、知与行的合一。它的价值目标具有超越性，而其人生理想的实现，却又处处体现或表现为日常性。

（四）体验性

休闲哲学强调人生是一种体验。休闲哲学所追求的休闲，与其说是一个关于生命的广度概念，不如说是一个关于生命的深度观念更为准确。生活的质量，是由生命的内在体验所决定的。正是借助于体验的丰富性这个概念，我们常常能超越日常生活表面上的平庸无奇；也正是借助体验性这个概念，我们才能领略与体会生活中人性的美。体验性根源于个体生命的独特性。应当说，任何意义世界的发现，以及生命本质的发现，都是同人这种独特的感受性体验分不开的。故体验性不仅是衡量生活质量高低的指标，而且成为人的生命价值的重要参数。

从上面的阐述中我们可以看出，中国传统的儒、道、佛哲学对休闲的认识实际上是一个十足的理想模式：休闲要超越制约我们的各种束缚，体现人的精神世界和价值，寻求生活的质量和美的体验。但这种定位至少表达了我国传统哲学思想的追求，即君子"忧道不忧贫"的精神，"返璞归真，顺应自然"的境界，"随缘人，淡泊名利"的平常心态。

四、休闲的意义

（一）休闲是人从自我到超我的过程

在很多情况下休闲是个体自我价值的实现过程，即一步一步地开发自己的潜能，实现自己的理想和愿望，甚至向着超我的方向前进。个体自我价值的实现必然与社会的发展有着密切的联系，人们只有置身于社会之中，才能不断提升自己的价值，也才能成为一个真正的"人"。休闲提供给人们的不仅是个体的高质量生活，更重要的是塑造超然和纯美的心灵。在休闲的过程中，人们往往在充实自身、改造自身的同时，建立了自己的科学的人生观和价值观，将个体发展与整个社会的进步融为一体，并且在互动交往中共同进步。

（二）休闲提升人们的生活质量

现代社会的飞速发展给人们的生活带来了巨大的压力，人们需要媒介缓解过分的身体疲劳和心理疲劳。休闲作为人的一种崭新的生活态度、生活方式和生存状态，其直接目的是消除身体上的疲劳，获得精神上的慰藉，促进个体身心和意志的全面发展。休闲还是个人需求层次不断提升的客观需要。根据马斯洛的需求层次理论，当人们基本生活需求满足以后，必然追求休闲、娱乐等高层次的精神享受。随着我国生活水平的不断提高和改革开放的不断深入，人们改变了传统的生活方式和消费观念，有了更高层次的闲暇消费需求和精神追求，已经将休闲作为提升个体生活状态的重要途径。

（三）休闲推动社会文明进步

人们自由时间的增加，与生产力发展水平、科学技术进步程度的提高有着直接而密切的关系。而休闲作为一种特殊的文化形态，它正以渗透、融合、感染、凝聚、净化等多种方式影响人的社会生活和社会进步。它的意义不仅在于恢复体力，更重要的在于闲暇生活对人们精神层面的调整与升华，人的广泛需要得到全面、完整、自由的发展。因此，休闲的发展与进步是社会文明进步的标志。

第二节　休闲体育的概念及内涵

一、休闲体育的概念

体育活动具有健身、竞技、娱乐等属性，具有改善与发展人的身心健康，提高人体机能水平的作用，这些属性和作用恰是休闲活动所需要的，因此，体育活动逐渐成为人们休闲生活的一种方式。随着体育进入人们的闲暇生活，休闲体育已成为体育运动中的一个相对独立的领域。

对休闲体育广义的理解是用于娱乐、休闲的各种体育活动。它与体育运动的其他领域有着对立统一的关系。竞技体育的目标是，最大限度地发展人的运动能力，不断向人类的运动极限挑战。然而，竞技体育的某些项目，如果能够用于休闲，也可以称之为休闲体育。体育教育是对受教育者施以运动技能和知识的教育，使其掌握一些体育锻炼的方法，学会一些体育项目的技术。这些技术与方法在学生将来的生活中，会成为休闲活动的习惯方式，使学生终身受益。大众体育是以健身、娱乐和社会交往为特征的群体性体育活动，与广义的休闲体育有相似之处，可以把休闲体育看成其中的一部分。综上所述，休闲体育与体育运动的其他领域有着外延的联系，当某种体育活动用于竞技时，可看作竞技体育；当用于娱乐休闲时，则可看作休闲体育。各种体育活动的类别属性，视其目标和作用而定。

然而，休闲体育作为一个相对独立的领域，与其他体育运动又有着不同之处。根据休闲体育的目的和作用，其概念应当是指人们在余暇的时间里，在自由的环境和条件下，为了丰富生活、增进健康、调节精神而自愿进行的放松身心的各类体育活动。内容选择以个人爱好为前提，如游戏、球类活动、郊游、垂钓、登山等。参加休闲体育运动可以寻求生理和心理上的放松，运动强度不大，令人轻松愉快，具有安抚身心、消除疲劳的功效。休闲体育强调的是心情的放松、身体的舒适、情感的释放，从而获得身心的满足。

二、休闲体育的内涵

首先，休闲体育应当是个人在业余时间自主选择、自由支配的活动。这与竞技体育强制性的专业训练和体育教育规定性的活动课程是不相同的。休闲体育完全是个人根据自己的爱好、兴趣和需要，选择活动的方式与内容，确定活动的强度与负荷，是以个人为主体的活动。其次，休闲体育的目标是，通过多种多样的体育活动，达到健身、娱乐、欣赏、交往等目的，满足个人身心发展需要。其中，健身是休闲体育的基础，娱乐是休闲体育的核心，娱乐应当是休闲体育的主要目标。再次，休闲体育不同于一般性体育健身活动，它具有鲜明的挑战性、刺激性、冒险性、新颖性、趣味性和艺术表现性。在休闲体育中，人们充分展示个人的能力与个性，获得身心的愉悦和满足。最后，休闲体育是一种具有一定的科学技术含量和文化品位的社会文化活动。所有新颖的休闲体育项目的产生，都是建立在科学的基础上，采用了新技术、新材料和新方法。因此，这些新颖项目通常被视为高雅、高尚、高品位的体育活动，大大地丰富了体育文化活动的内容。

总而言之，休闲体育活动是人类独有的一种特殊的休闲方式，由于其本身的特点和功能，不仅与动物的身体休闲性活动差之万里，而且在人类社会文化娱乐的诸种方式中也独占鳌头，成为人们生活中不可或缺的一部分。

然而，休闲体育活动的开展与社会休闲的方式及其可能性是不可分割的。所谓休闲即是指一种从文化环境和物质环境的外在压力中解脱出来的、相对自由的生活。休闲总是在空闲时间里，相对自由地做自己喜爱的事情或者从事自己喜爱的活动，以获得良好的心态。

根据对休闲这一概念及其内涵的分析可以得知，"休闲"至少由以下几个要素构成：

（1）自由时间。这个时间是个人可以随意支配和使用的时间，即指工作和生活必需时间以外的空闲时间。

（2）活动方式。通常指"在尽到职业、家庭与社会职责之后，让自由意志得以尽情发挥的事情，它可以是休息，可以是自娱，可以是非功利性的增长知识、提高机能，也可以是对社团活动的主动参与"。

（3）精神状态。个人参加活动的全过程所持有的态度、兴趣，以及由此产生的自由感、从容感、愉悦感。

（4）经济能力。在经济社会中，个人所具有的获得生活资料的手段、方法和技能。

（5）活动空间。没有压力的活动环境。

从休闲的基本构成要素来看，体育娱乐只是其活动方式之一。从本质上讲，体育娱乐的实践往往是休闲的基本构成要素相互作用的结果。这种状况正是社会发展的必然。

生产方式决定生活方式，或者说社会生产方式是人类全部社会生活的基础。这是马克思主义的基本观点，也是社会历史发展的基本规律。

在社会工业化和自动化发展的今天，尽管人们的体力劳动在不断地减轻，但竞争和高效率使社会紧张因素在不断地增强。一方面，人们普遍对肌体的运动需求和精神上的放松平衡的需求日趋强烈；另一方面，由于科技进步和社会生产力的发展，人们在获得日趋丰富的生活物质资料的同时，还拥有了越来越多的空闲时间，更多的人开始面临如何消遣这些时间的问题。

这些社会需求和社会问题导致了满足和解决方式的寻觅，人们企图从各种各样社会活动中寻求那种既能使肌体得以适当的运动，又能使精神获得松弛，同时还能有益于休闲的多功能活动方式。于是，体育娱乐活动便顺其自然地随着社会的发展而推至人们社会生活的舞台前沿，成为人们满足其需求的必要手段和方式。

如果说过去人们对休闲体育活动的认识只是处于一种朦胧与无意识状态的话，那么时至今日，由于人们对休闲体育活动的需求日益加强，认识程度也从无意识状态上升到有意识追求的境地。

第三节　休闲体育的分类

休闲体育不是一类具体的项目，而是体育的一种社会存在形态。因此，它包括各种各样的体育项目和活动，因此它的分类方法也较多。

一、按身体能力分类

在竞技运动中，按运动员完成训练、比赛所需主要能力可把竞技运动项目分为体能和技能两类。不少休闲体育娱乐活动本身就是竞技运动的衍生物，具有与竞技运动相同的本质属性，因此，可以将众多体育休闲娱乐活动按所需主要身体能力进行分类。

（一）体能类运动

在展现人类体能和适应环境能力过程中达到休闲目的，可分为以下几类。

1. 耐力型运动

主要体验长时间与自然环境，尤其是超常自然环境融为一体的超常感觉，展现人体适应各种超常环境的能力，如远足、长距离或超长距离自行车和摩托车旅行探险、划船、登山、沙漠探险、极地探险、越野滑雪等。

2. 速度型运动

主要体验在超常规速度条件下运动所特有的速度感和愉悦感，接受特殊速度下的情感和生理刺激，如速度滑冰、卡丁车、速降滑雪、冰橇、过山车、蹦极、悬崖跳水、高空弹射等。

（二）技能类运动

在展现人类掌握和运用各种技能过程中达到休闲目的，可分为以下几类。

1. 对抗型运动

隔网对抗型运动：运动场地上所设置的拦网将参与休闲的徒手或持器械运动者分为两方进行隔网对抗，如沙滩排球、软式网球、网式足球、羽毛球等。

同场对抗型运动：各为一方的体育休闲娱乐活动参与者在同一场

地追逐争夺，力争将球投入或射入特定区域或目标、对方特定区域或目标，如 3 人制篮球、室内足球、壁球、高尔夫球、木球、门球、桌球等。

格斗对抗型运动：以参与运动的对手身体为进攻对象进行双人格斗，如拳击、柔道、太极推手、跆拳道等。

2. 表现型运动

准确型运动：以准确击中既定目标而展现掌握精确技术的能力，如定点跳伞、射击、射箭、掷飞镖、弹弓等。

唯美型运动：以高难度动作展现人体美、运动美，如跳水、高空跳伞、花样游泳、滑水、花样滑冰、冰上舞蹈、健美操、有氧操、街舞等。

二、按身体状态分类

国内有学者按参与者的身体状态把分为观赏性活动、相对安静状态活动和运动性活动三类。

（一）观赏性活动

观赏性活动主要指观赏各种体育竞赛和休闲体育娱乐表演，在间接参与过程中表现出赞赏、激动、惊叹、沮丧、愤怒、失望等情绪，使心理压力得到释放，同时学习体育知识，欣赏体育运动的艺术魅力等的活动。

（二）相对安静状态活动

相对安静状态活动主要指参与者身体活动较少、脑力支出大的棋牌类休闲活动。进行棋牌活动可以形成参与者或配合默契、心领神会，或智勇双全、胸怀全局的心理素质和心理特征，而且为适合棋牌用时较长的特点，参与者需要经常锻炼，保持良好状态。因此，棋牌等相对安静活动既能健脑，又能健体。

（三）运动性活动

国内有学者认为运动性活动是休闲体育娱乐的主体，根据各种休闲活动的特征，运动性活动通常可以分为以下几类。

1. 眩晕类活动

借助特定运动设备使参与者获得平时难以体验到的空间运动感觉，感受生理与心理上的极限刺激，如过山车、蹦极和悬崖跳水等。

2. 命中类运动

运用自身技巧和能力，借助特定器械击中目标，如射击、射箭、保龄球和桌球等。

3. 冒险类运动

参与者对自然的挑战性休闲活动，如各种漂流，沙漠极地探险，飞越黄河、长城，横渡海峡、湖泊，等等。

4. 户外类运动

指人类回归自然的各种休闲活动，如野营、登山、远足、定向越野和攀岩等。

5. 技巧类运动

参与者把自身运动能力和特定设备有机结合并融为一体的展示高度技艺、技巧的运动，如花样滑板、小轮自行车、溜旱冰和轮滑等。

6. 游戏竞赛类运动

竞技项目简化或游戏化后形成的体育休闲娱乐竞赛活动，如沙滩排球、街头3人篮球、室内足球和网式足球等。

7. 水上、冰雪类运动

主要包括游泳、跳水、滑水、滑雪、雪橇和滑冰等运动。

三、按记分方法分类

休闲娱乐的主要目的是愉悦身心，而体验获胜是愉悦身心的主要方法之一，因而可依据记录获胜的方法对体育休闲娱乐活动进行分类。

（一）命中类运动

以击中特定区域或目标、对方特定区域或目标决定胜负的运动，如 3 人制篮球、室内足球、射击、射箭等。

（二）得分类运动

以既定回合得分决定胜负的运动，如沙滩排球、软式网球、羽毛球、乒乓球等。

（三）评分类运动

以参与者动作表演性、唯美性、技巧性等得分决定胜负的运动，如跳水、高空跳伞、花样游泳、滑水、花样滑冰、冰上舞蹈、健美操、有氧操等。

（四）测量类运动

以高度、远度或通过规定距离所需时间的测量决定胜负的运动，如速度滑冰、卡丁车、摩托车、摩托艇、高山速降滑雪、冰橇等。

（五）制胜类运动

以参与者的绝对获胜或在无法决定绝对获胜条件下的评分决定胜负的运动，如拳击、柔道、太极推手、跆拳道等。

四、按动力来源分类

按休闲活动过程中人和器械运动所获的主要动力源把休闲运动分为以下几类。

（一）动力类运动

人和器械进行运动主要是依靠动力进行的，如摩托车、卡丁车、高空弹射、摩托艇、动力滑翔等。

（二）无动力类运动

人和器械进行运动主要是依靠人力进行的，如远足、登山、跑步、大部分球类项目、滑冰、越野滑雪、健美操、有氧操等。

（三）自然类运动

人和器械进行运动主要依靠自然力进行的，如蹦极、悬崖跳水、放风筝等。

（四）半自然类运动

人和器械进行运动主要依靠自然和人力的结合进行，如高山速降滑雪、高台跳雪、滑翔机、滑翔伞、高空跳伞、漂流等。

五、按季节、场所分类

依据国际奥委会对奥运项目的一级分类标准，所有休闲项目首先也都可以分为冬季和夏季项目两类，然后根据项目适合开展的场所进行二级分类：冬季室内、室外和夏季室内、室外，最后再按其他分类标准进一步分类。

六、按动机和目的分类

按照参与休闲体育活动的动机和目的，还可分为健身、娱乐、放松、消遣、社交、探新寻奇和寻求刺激等活动。

第四节 休闲体育的价值与功能

一、休闲体育的价值

（一）文化价值

1. 推动社会经济的发展

休闲体育的文化价值在体育休闲活动中具有十分重要的作用。一方面，充分展示休闲体育本身所具有的休闲、娱乐、健身等价值，帮助人们认识休闲体育在提高人们生活质量中的地位，这种文化观念的改变，成为引导和改变人们传统体育意识的重要因素，进而引导人们积极参与休闲体育消费，客观上推动了体育经济的发展，即健身、娱乐。另一方面，休闲体育又通过其休闲、教育的文化价值，以及休闲体育设备本身的艺术价值，去吸引、诱导民众参加体育休闲活动。通过休闲体育文化价值的吸引和诱导，不仅可以使具有相同或相近休闲体育文化价值观的人们对某些具体的休闲体育项目产生认同并达成共识，而且可以改变和吸引对休闲体育文化认识不足或肤浅的意识，形成共同的休闲体育消费倾向，扩大了休闲体育及其相关产品的市场份额，促进规模经济的形成，同时也扩大了体育产业市场，推动了社会经济的发展。

2. 对社会的文明进步有积极推动作用

休闲体育是一种多元文化的集合，是一定时代、一定文化背景下的具体实践活动，既反映该时代一定的民族文化价值观，也反映世界各族文化的交融，对推动世界文化交流起着积极的作用。休闲体育是一种实践活动，是以参与者获得实践体验价值为目的的活动，人们可以在活动中尽情地发泄自己的感情，交流和表达自己的思想。休闲体育活动中人们多姿多彩的表现，就是不同思想文化的碰撞和展示。因此，在一定意义上讲，休闲体育活动的实践是一个舞台，通过这个舞台可以反映参与者精神文化的修养内涵及其程度。同时，在共同的体育休闲活动中，参与者的思想文化修养可以相互影响、学习和借鉴他人之长处，提高自身思想文化修养的水平，促进社会的文明进步。

（二）经济价值

1. 为国家建设积累资金

休闲体育业同其他第三产业的部门一样，对一个国家来说，同样可以起到加速货币的回笼速度、增加货币回笼数量的作用，进而达到防止通货膨胀、稳定市场、积累建设资金的目的。市场经济的任何经济活动都必须借助于货币媒介来完成交换，在纸币流通的情况下，货币的投放与回笼有一定的比例。如果货币投放过多，或回笼过少，就意味着市场上流通的货币量的总面值超过了市场上商品的总价值，由此产生的直接结果就是通货膨胀、货币贬值。为此需要在发展生产的同时，采取积极措施扩大消费领域，拓宽货币回笼渠道，更好地满足货币流通规律的要求。休闲体育经济活动回收货币主要通过两种途径：一方面，通过参与者直接参加休闲体育活动来进行消费，同时也通过提供相关的指导、咨询和服务来获取货币收入；另一方面，进行休闲体育活动需配套相关的设备，这些设备的出售或出租，在满足了消费者需要的同时也回收了货币。这不仅回笼了货币，而且从盈利中以缴纳税金方式为国家积累了建设资金。

2. 提供更多的就业机会

从经济的角度看，就业是在一定的社会经济条件下，劳动者得到了有报酬的从事生产经营活动或非经营性工作的机会，其实质是个人以特定的方式参与社会劳动，从而使自己的物质需求和精神需求获得满足的社会机会。就业问题是任何国家经济发展中都要面临的一个重要问题，它不仅关系到劳动者的生存发展和享受，而且关系到社会的安定。在解决就业问题上，从休闲体育活动所涉及的诸多因素看，休闲体育业是一种既具服务性又具生产性的综合性产业部门，休闲体育活动的发展必然带动为休闲体育业提供服务的各行各业的发展，这为社会提供大量的就业机会。

3. 改善国民经济产业结构

第三产业的迅速崛起是生产力发展的必然，也是社会发展的标志。一个国家经济越发达，第三产业在国民经济中所占比重就越大。休闲体育业是典型的第三产业，它能促进其他相关第三产业的发展，在优化产业结构方面起着积极作用。

（三）生理价值

1. 减少疾病的发生

随着现代化进程的加快，人类开始从繁重的体力劳动中解脱出来，由于运动不足而产生的各种"文明病"正威胁着人类。据有关资料统计，长期坚持进行适宜的休闲体育活动，可以增加血液中胆固醇的含量。血液中高密度脂蛋白胆固醇能把沉积在动脉壁上的胆固醇运送到肝脏进行代谢，从而减慢主动脉粥样硬化斑块的形成与发展，防止疾病的发生。同时，还可以增强肌体对各种复杂多变环境的适应能力和抵抗力，消除现代"文明病"对肌体的侵蚀。

2. 延缓衰老

适宜的休闲体育活动是保持健康、延缓衰老的有效措施之一。自古以来养生学都积极主张运动。随着年龄的增长，人体逐渐出现各种老化现象，特别是40岁以后各种疾病极易发生。研究发现，动脉硬化在脑力劳动者中发生率为14.5%，而在体力劳动者中仅为1.3%。有学者对长期参加休闲性跑步的40名中老年人研究发现，他们的发病率很低，心肺退行性变化比普通人推迟10~20年。由于坚持适宜的长跑，改善了心肺功能，增强了肌肉组织力量，促进了骨质钙化，加强了关节韧性，调节了精神。

3. 提高肌体免疫功能

人体的免疫功能分为非特异性免疫和特异性免疫两大类。它在人体的生理系统中起着三大作用，分别是生理防御、自身稳定、免疫监视。生理防御是指人体对外来的如病毒、细菌、真菌等生物致病因素及其他有害物质的识别、抵抗直到消灭的功能；自身稳定是指维持肌体内环境的稳定和个体特异性，诸如对自身组织的调解和衰老细胞的清扫，对异体组织的排斥。

因此，免疫功能对人体质的强弱、抗病能力的大小、恶性肿瘤诱发的概率起着举足轻重的作用。长期适宜的休闲体育活动，不仅可以使人在活动中得到愉悦，交流思想，而且可以增强肌体的免疫功能。

（四）社会心理价值

1. 形成积极良好的社会态度

参与休闲体育活动既可以提高人的认知能力，又能提高人的情绪智力。认知活动主要是依靠大脑高级神经中枢进行。积极参加休闲体育活动，不仅可以使疲劳的神经细胞得到休息，消除大脑的紧张状态，而且还能促进神经系统的新陈代谢，提高神经系统的活动能力，使大脑更加健康和灵活。人的情绪智力主要包括认识自己情绪的能力、妥善管理自己情绪的能力、自我激励的能力、认识他人情绪的能力、人际关系的管理能力五个方面。在参与休闲体育活动的过程中，人们不仅可以丰富自己的情绪获得情感的体验，而且能提高自己对情绪、情感的认识和控制能力，还能充分认识他人的情绪、情感表现，建立和保持与他人的良好人际关系，使个体认识能力和情绪智力得到提高，有助于加快个体的"社会化"和自我意识的形成，有助于提高个体的社会认知能力，促进个体积极良好社会态度的形成。

2. 构建积极良好的人际交往

在参与休闲体育活动的过程中，增加了人与人直接接触的机会，扩大了人际交往的范围。活动过程中的某些相似特征、互补作用、能力体现、空间上的邻近与熟悉等，均可促进人与人之间的相互吸引。现实生活中，人与人之间需要进行传递信息、沟通思想、交流情感，也就是心理沟通，但某些因素会造成人际沟通上的障碍，如地位、组织结构、文化等，休闲体育活动可以使参与者相互之间不再有地位、职业、年龄、文化背景等的差别，消除各种沟通障碍，有利于人与人之间感情的联系。在休闲体育活动中人们得到信息、感情、思想的交流和沟通，同时也得到他人的协作、支持和帮助，进而引起自己思想、情绪和行为的积极变化，促进人们产生协作思想、利他行为，也能抑制人们的侵犯行为。

3. 增强团队意识，推动社会文明进步

在休闲体育活动中，人们因为共同的需要、兴趣、爱好而组合在一起，形成相互依赖、彼此互动的正式群体或非正式群体。在活动过程中会自然地形成共同遵循的行为规范或准则，这种行为规范对成员有行为的约束力，能产生压力，促使成员的行为符合规范，产生良好的自律效果，从而提高个人和群体的道德水平、纪律观念，增强团队意识。人们在现实生活中有关爱和归宿的需要，他们希望成为某一群体的一员归宿于某一群体，在休闲体育活动中形成的群体既能满足个体的归宿需要，又能引导个体提高道德品质。休闲活动中个体感受到的是民主公平，个体间能够产生信任、依存、关爱，形成良好的社会心理氛围，积极推动社会主义精神文明的建设。

二、休闲体育的功能

1. 强身健体的健身功能

现代生物科学和体育科学研究均表明，体育运动对增强人的体质、保持旺盛的生命力、防病祛病、延年益寿有积极的作用。生命在于运动的观念已经为人们普遍接受。随着科学技术的发展和机械化、自动化、电气化的普及，人们无论在工作中还是在家务劳动中的体力支出均已降到最低限度。营养过剩和运动不足所引起的心血管疾病、肥胖症等"现代文明痛"，正逐渐成为威胁人类健康的首要病症。因此，人们开始重视体育运动的功能，在余暇时间参加各种各样的体育活动，以弥补或消除缺乏运动所带来的对身体健康的负面影响。休闲体育与人健康生活的联系日趋紧密，它不仅具有强身健体的基本功能，还可以给人以极大的快乐和精神享受，通过丰富多彩的身体运动娱乐方式，给予人健康的身体，努力保持人类作为一个生物物种的生存活力。作为保持与提高健康水平的体育运动，休闲体育将是最积极、最有益和最愉快的方式。

2. 丰富生活的文化功能

人类在创造物质文明的同时，也在不断地创造着精神文明。社会文化的发展，使得人们在享受物质生活的同时，也在享受精神文化生活。文化生活的内容是丰富多彩的，体育是一种社会文化，休闲体育则更具有文化韵味。休闲体育可以满足人们对娱乐性、消遣性精神生活的需求，可以满足对美的需求，可以满足自我发展的需求。休闲体育为人们在日益增多的余暇时间选择和安排休闲生活提供了丰富的内容和方式，成为社会文化生活中的重要组成部分。在我国，人们在大力建设社会主义物质文明的同时，也在大力提倡社会主义精神文明的建设。休闲体育可以提高人的精神素养，增进文化知识，增强审美意识，全面提高人的整体素质。在休闲时间参加体育活动，不但可以丰富业余文化生活，而且对社会主义精神文明建设有积极的促进作用。

3. 愉悦身心的娱乐功能

休闲是人们在余暇时间自愿选择、自愿参加的以娱乐为主要目的的活动。休闲体育项目极为丰富，具有挑战性、刺激性、冒险性、新颖性、趣味性和艺术表现性等特性，使人们在直接或间接地参加体育休闲活动中，充分享受体育运动的乐趣，在表现自身的能力、施展个人才能的同时，获得身心的满足和愉悦。

4. 完善自我的教育功能

休闲体育不仅仅是单纯的娱乐活动，还是一种自我学习、自我完善的教育过程。它包括学习运动技术、发展体育的学习、培养人际交往的能力、增强自信心、培养协作精神和竞争意识等。休闲体育是很好的寓教于乐的教育形式，在参与的过程中，可以汲取相关学科的知识，使身心得到充分自由的均衡发展，逐步完善自我。

第二章　休闲体育文化

第一节　休闲体育文化概述

一、休闲体育文化的概念

在人类历史的进程中，不断衍生的社会文化以及各种文明的价值观一直在推动着休闲。休闲作为一种积极参与生活的方式，是一种人生的境界与追求，是人类社会文明的标志，它取决于每个个体的经济条件、社会角色、宗教取向、文化知识背景及类似的因素。

从文化角度看休闲，是指人在完成社会必要劳动时间后，为不断满足人的多方面需要而处于的一种文化创造、文化欣赏、文化建构的生命状态和行为方式。休闲的价值不在于实用，而在于文化。

《中华文化史》一书中指出："文化的实质性含义是'人类化'，是人类价值观念在社会实践过程中的对象化，是人类创造的文化价值，经由符号这一介质在传播中的实现过程，而这种实现过程包括外在的文化产品的创制和人自身心智的塑造。"杨适教授曾在《中西人论的冲突》一书中指出："文化的中心是人本身。一切文化现象都是人的现象。"文化的本质，即"人的本质"。

对"休闲"有真正意义上的了解的是古希腊人。曾经将人定义为

"政治的动物"的希腊哲人亚里士多德，就这样来谈论"休闲"：摆脱必然性是终身的事情，它不是远离工作或任何必需性事务的短暂间歇。对于亚里士多德来说，休闲是终身的，而不是指一个短暂的期间。与亚里士多德同时代的哲学家则这样认为：休闲不仅仅是摆脱必然性，也不是我们能够选择做什么的一段时间，而是实现文化理想的一个基本要素：知识引导着符合道德的选择和行为，而这些东西反过来又引出了真正的愉快和幸福。

人类的文化总要依靠一定的物质媒介而存在的。而有一种文化，则是以人的身体为媒介而存在的，人们称它为人体文化。休闲体育文化是一种以运动技能、运动技术为文化符号的人体文化，是人们通过身体运动所创造的文化价值，体现了人类对自身价值和意义的反思，即社会进步的最终目的应是来解放人本身，使人获得自由，获得进步和发展，体现出人的价值和个性。

休闲运动文化的定义应该遵循基本的逻辑关系，即分类和同种等关系。换句话说，由于休闲文化和体育文化的拓展内容丰富，因此体育运动文化的扩展性内容也应该包括在概念中。然而，无论是休闲文化还是体育文化，都是宏观的文化内涵，或文化表达的维度。因此，休闲运动文化的定义应该参照文化定义的类别。

文化的定义范畴复杂且广泛，休闲文化及其外延、体育文化及其外延、休闲体育文化及其外延部被包含其中。根据逻辑要求，对休闲体育文化进行如下定义：休闲体育文化是人们通过体育运动的方式，在这一过程中创造和共享的关于这种社会文明实践的物质实体、价值观、态度和行为以及制度规范的总和。

通过对休闲体育文化概念的分析可知，首先是把休闲体育看作是一种社会文化现象，是体育文化和休闲文化二者的结合，是体育文化和休闲文化延伸而来的一种表现方式，因此休闲体育文化的建构内容也必须遵循一般文化的基本结构，即包含物质实体、价值观念、制度规范和行为方式等元素，这些元素间的协调结合形成了具有特定内涵的休闲体育文化。

二、休闲体育文化的内涵

休闲体育文化同样具有文化的三个层次，即外层的物的层次——物质的层次，核心的心的层次——心理层次，中间的心和物相结合的层次。它既有技术方面的层次，也有社会组织制度的层次，还有内在的价值观念、思维方式、审美情趣、道德情操等。因此，休闲体育文化是一种多层次的、内容极其丰富的文化形态。

从层次的角度分析，休闲体育文化居于文化范畴中的一个微观的层次，也可以理解为文化的一个操作层次，因此休闲体育文化必然包含于文化结构相似的层面，以下是几个层面包含的主要内容。

第一，在物质层面，休闲体育文化所包含的物质实体十分丰富，它包含开展一切体育活动的场地、设施、器材等物质实体，以及按照体育需求进行创造和转化的天然物体，这些物质根据其性质加以命名，如体育馆、体育俱乐部、球拍、球篮、球台以及专业场地，如滑雪场、游泳池、高尔夫球场等由天然场地改造而来的天然实物。

体育是人类运动本能、社会变革和文明发展的历史产物，是人类文明和文化形态在物化生活中的完美体现，通过体育运动的形式，人们可以优化利用自然资源和人造资源实现对有机体的改造和升华，在体育运动的参与过程中，人们享受物质文化（体育环境、体育场馆和设备）。同时，不断创造新的物态文化，满足人类文明的发展需求。

第二，在价值层面上，休闲体育文化应同时包含人们对体育和休闲二者的观念，对休闲体育运动所持有的态度，以及对休闲体育运动的价值和意义的理解。从人们日常对休闲体育运动的参与行为上就可以反映出休闲体育运动的态度和评价，从而体现出人们对体育的内涵、价值和功能的理解。同时，也能正面反映出人们的休闲生活观念，是倾向于娱乐健康还是消遣打发等观念。在休闲体育运动的参与中，不但可以帮助人们正面认识体育运动、树立健康的终身体育习惯，而且利于体育价值体系的建构、创新和改革，挖掘体育涵盖的更多内涵，从而在现代社会中创造更大的价值。

第三，在制度体系方面，休闲体育文化的制度规范具有其独特的显著特征。首先，一个国家休闲体育的开展状况侧面反映出人们对闲暇时间的支配能力，也是社会劳动生产制度和社会发展水平的真实写照，体现出社会制度对人们行为的干预、约束和规范。其次，体育法规是由国家部门颁布的对休闲体育活动约束的最具有权威性的法律准则，是每个公民所享有的公平公正权利。再次，为了尽量做到公平公正，使每个公民都能享受到同等的体育待遇，或者说体育参与者可以共同活动，那么每一项体育活动项目都必须建立一套活动方针和规则，这种运动准则的规范要求同时也是对参与者的体育行为规范，尽管体育运动项目中的行为准则不如法律严格、权威，但是对于公民来说遵守一定的规则是开展休闲体育游戏的重要前提。最后，体育活动被以一种休闲的方式应用到人们的实践生活中，是人们运动本能的长期积累和发展而成，具有历史性和必然性。休闲体育运动不仅是人们行动本能发展的自然属性，即通过一切可行的办法来满足人们对运动的需求，同时，休闲体育活动的产生都是在社会发展影响下的产物，也满足了人们的社会性需求。因此，休闲体育本身就是社会文化的表现形式之一。可见，一个人对休闲体育运动的选择反映出个人对社会文明的选择，是一个人的价值倾向，是对休闲体育的理解。

综上所述，休闲体育文化是休闲文化和体育文化长期发展下的结合体，是社会发展的必然产物，属于体育文化的分支，也是组成社会文化的重要结构之一。

三、休闲体育文化的特征

文化既是一种社会现象，也是一种历史现象。休闲体育文化作为文化的一种，同样具有人类文化的共性特征。

（一）休闲体育文化的民族性与世界性

每个民族的文化都有着不同于其他民族文化的特点，这就是文化的民族性。特定的民族在历史上由于生存区域、生存环境、生产和生活方式、文化积累和传播等的不同会产生不同于其他民族的休闲体育文化。

当然，在当今世界上，任何一种文化，都是属于全人类的。随着文化全球化的发展，各民族文化的交流与交融日趋明显。纯粹的独立的民族文化是不存在的，人类文化在最核心本质的层面上，存在着质的相似性，这也是文化能得以交流与交融的前提条件。同时，任何一个民族所创造的文化都是人类文化的组成部分。

休闲体育文化的民族性与世界性是辩证统一的，一个民族的文化特征越鲜明、形式越独特，它对世界文化的价值和意义就越大。中国的先贤们对"休"和"闲"二字的创造和使用，可谓别具匠心，"悠游"文化下形成的以快乐为主要内容和形式的东方休闲观，成为人类文化宝库中一颗璀璨的明珠。

（二）休闲体育文化的继承性与时代性

文化具有延续性，由于文化的继承性，同一民族在不同时代总会有共同的东西。对文化的继承过程，也就是文化的积累过程。我国的休闲文化具有悠久的历史，中国传统哲学早已有这种"倚木而休"的人生观念，从老子的《道德经》、庄子的《逍遥游》，到陶渊明的"采菊东篱下，悠然见南山"，无不反映了我国先哲们创造性、审美性地修身养性的生活态度，而且，这种观念及一些休闲方式，一直延续到今天。

文化具有时代性，任何文化的发展都不是一成不变的，都具有一定的时代特点和差异。休闲体育的时代特征十分鲜明。自改革开放后，健身则历经了从"伸腿弯腰"到家庭器械健身，再到健身房健身的发展过程。20世纪90年代以后，中国家庭开始拥有休闲设备，例如电视机、收录机、照相机等。近几年，随着收入的提高，旅游成为最大众、最向往的休闲方式，例如，青年人"疯狂"地去探险旅游、自然游、农家游等。

（三）休闲体育文化的阶级性与普遍性

不同的社会形态，休闲活动呈现不同的特征，在同一社会中，不同阶级的休闲活动有着明显的差别。雅典和其他希腊城邦的文化是建立在奴隶制的基础之上的。奴隶从事提供食品、房屋、衣服等生活必需品的劳动，而包括亚里士多德在内的公民并不从事这些劳动。这就为那些追求希腊文化的思想观念的人和履行公民职责的人，管理、监督军队以及从事公共事务的人和进行科学的和哲学的思考的人所从事的工作提供了基本的保证。

休闲体育文化的普遍性是指不同阶级都具有自己相对独立的文化形式和思想，在阶级社会里，尽管统治阶级利用自身的特权占据对文化的支配权，但作为满足人们需要的一种方式，不同阶级、阶层、地位、职业的人们都有自己的休闲生活，有时甚至在形式上高度相同。

第二节　休闲体育文化的影响因素

文化是一个极其宽泛的概念，休闲体育文化作为人们在休闲体育活动中创造出来的物质文化和精神文化的统一，与主体文化有着密切的联系。休闲体育活动本身就创造出了一种文化，同时休闲体育文化本身也是一种亚文化，是主体文化中关于生活方式和闲暇方式的文化。对休闲体育文化的分析必须从社会学、文化人类学的角度来分析，把休闲体育文化作为一种行为方式和生活方式来看待。

从休闲体育文化的内核来看，价值取向是其决定性的因素。不同的休闲体育价值观制约着休闲体育文化的形态，其他影响因素存在自适应性的作用。然而价值取向又与地域文化有着密切的联系，因此地域文化（尤其是价值取向）也决定着休闲体育文化。自然环境条件的地域性对休闲体育文化的形成具有间接作用。另外，地区经济发展水平的差异和社会文明进程的差异，也是制约城市休闲体育文化特征的重要因素。

一、价值取向对休闲体育文化的影响

价值观是文化的内核，它是界定生活情趣、做出选择与决策的一般原则。这实际上是肯定了价值观具有某种规范维度，它是指导人们如何看待生活中存在的问题，做出判定什么是值得去追求和把握的，什么是不值得去努力的，因而它是人们思维模式的一个具体再现。而价值取向是价值观的具体化，是在价值观的指导下形成的对一定事物的看法和态度。它的形成受到一定的自然环境、历史背景、生活方式等文化生态因素的影响，具有多样性。所以，不同的文化群体有不同的文化价值取向，而这种价值取向的差异则表明在思维、行为、知觉、对态度的理解、动机以及人的需求等方面存在着差异，还表现在看待同一问题重要性上的差异，涉及每一社会成员在遵守这些特定价值取向的程度上的差异，在某一社会中这些价值被普遍接受之程度的差异，以及每一社会对某些特定价值所赋予的重要性的差异。从价值取向的结构上来看，人们对活动的取向与时间的关系、空间取向与自然的关系等因子方面对休闲体育文化有着重要的影响。例如追求将来的时间观的群体更易对休闲体育保有积极的态度，对自然的态度采取和谐态度的群体更易采用亲近自然的休闲体育方式。

二、地域文化对休闲体育文化的影响

文化是其主体——人对周边事物的解释和阐释，文化的适应性、整合性和变异性特征造就了文化的地域差异。从认知层面上来看，不同的群体有不同的思维方式，而这种思维方式与特定的地理环境有着密切的联系。因此，不同的地理环境作用下形成了不同的地域文化。但这不是说一个地方的地域文化就能脱离母体文化，完全与主体文化割裂开来，成为独立的个体，它实际上是一种亚文化，或者更准确地称为区域性的亚文化，是随着地理、历史、政治与经济力量、语言以及宗教等方面的差异而演变的。正是在这些方面的共同作用下，使得地域文化在行为模式、思维模式、风俗习惯、生产制度等方面表现出来，形成一定的文化模式，并影响到其他各层次的文化。

（一）伦理道德对休闲体育文化的影响分析

道德是人们在共同生活中形成的行为准则和规范，是评价人们行为善与恶、美与丑、正义与非正义、光荣与耻辱的标准。伦理是一种社会系统，伦理观念是由社会制定的。伦理与道德常常是很难区分的，它们共同构成了一个社会中的非法律因素并用非法律的手段来制约和控制人们的行动，从而实现社会的和谐发展。伦理与道德的历史性、阶层性导致了休闲体育行为的差异性。

（二）风俗习惯对休闲体育文化的影响分析

风俗习惯是民族心态的一个重要表现形式，它直接反映并影响一个时代的民族精神和生活面貌。人们最早的休闲体育活动就与风俗习惯有着密切的联系。古人的岁时节庆和人生礼仪的活动就可以看成休闲体育行为，人们在社会交往的过程中，形成了稳定的社交礼仪和社交规范，在其后的发展过程中很大一部分都被融入休闲体育的活动中，形成了迥异的休闲体育文化形态。

（三）宗教观念对休闲体育文化的影响分析

宗教，严格来讲是一种历史现象，同时也是一种文化现象，它属于世界观和意识形态的范畴。宗教主要通过其宗教思想和宗教意识影响着人们的休闲体育文化，因为从某种意义上，宗教信仰和宗教理想就是教人如何看待人与某种至高无上的存在之间的关系，并且劝解人们合乎道德伦理地行事，影响人们的休闲体育行为和休闲体育价值。虽然现在宗教对普通公众所施加的影响力不如以往那么大，但宗教作为一种人们基本的意识观念，仍是一种规范化的手段和观念态度潜移默化地对人们的心理和行为产生影响，导致人们休闲体育行为和休闲体育文化上的差异。

（四）教育对休闲体育文化的影响分析

不同的民族有不同的教育模式和教育内容。教育是一个族群传承自己传统文化的重要途径，一个族群的文化观念是通过教育实现代与代之间的延续，以保持本群的边界。教育的最大目的在于教会人们如何思考，帮助每个人树立起一个被广泛认同的认知图式，形成独立的族群认同感和个人性格，概括起来教育的功能就是传递文化、转变与改造的功能。教育目标的实现决定了其途径不仅应包括正规的学校教育，同时家庭教育和社会教育也是很重要的一部分。

休闲体育价值观正是在这样一个过程，不断传承给下一代，这既是文化传承的机制，也是文化再生产的过程。儿童在生命的开始阶段就不断地从周围的亲属、同学、朋友中学习不同的休闲体育观，并由此对这种休闲体育观产生适应性的反应——休闲体育态度和休闲体育行为。

三、经济发展水平对休闲体育文化的影响

不同的经济水平决定了一个社会中居民的消费——消费构成、消费方式，这正所谓"富有富的过法，穷有穷的过法"。这从一定程度上影响到休闲体育文化。休闲体育活动本身就是一种经济活动。休闲体育不仅是为了达到身心的愉悦和放松，同时也是一个消费过程。一方面是一个服务性消费的过程，另一方面也是对时间的消费，这都要求必须在收入水平达到一定的层次上才可能产生对休闲体育的需求和欲望。

四、社会结构对休闲体育文化的影响

（一）社会互动对休闲体育文化的影响分析

社会互动可以理解为社会互动交往，是指行为者以某种方式指导自己的行动以赢得交往对象或观察者正面反应的过程。许多休闲体育活动实质上都是这种性质的社会文往。人们在进行休闲体育活动时，不仅要符合人们对休闲体育认知的规范，还要满足社会交往中规则的约束。由于休闲体育是一种个人体验和一种精神状态，人们的休闲体育行为是一个与环境交互影响的过程，因此当休闲体育发生于社会交往中时，就难免受到它的影响，改变休闲体育行为，并不断重复和巩固这种方式，最终形成符合群体观念的休闲体育行为和休闲体育态度，对休闲体育文化产生影响。

（二）社会心理对休闲体育文化的影响分析

人是社会化的动物。中国古代思想家荀况说："人之生也，不能无群。"说的即是这个道理。人从诞生之初就与父母、亲戚保持着密切的联系，组成了初级群体，随着长大成人，逐渐融入小学、中学、大学的同学群体中，工作后不断与周围的同事产生联系，又进入这些群体中。在进入的同时，个体不仅把自己的心理特征逐渐融入各个群体中，同时每个群体的心理特征也潜移默化地影响着个体，使个体感受到巨大的群体压力和群体规范，进而能够形成一致的态度和观点。社会心理对个体的影响主要表现在个体社会心理、人际关系心理、群体心理三个方面，其中后两方面对休闲体育文化的影响较大。

（三）社会年龄结构对休闲体育文化的影响分析

休闲体育文化作为人们对自身休闲体育需求的满足手段和个体对休闲体育认知的解释方式，必然会随着社会结构的变化而发生变化。

而年龄结构对社会休闲体育文化产生的影响在各种社会结构中是主导性的，其对休闲体育文化的影响最主要是体现在不同的年龄、不同的生命历程对休闲体育文化的影响。由于人们在人生的不同阶段的需求和目标有很大的差异，个人所处的社会环境有很大差异，社会对个体的预期和个体的自我认同有很大差异，在休闲体育态度和休闲体育行为上也会反映出这种差异。

生命历程也可理解为生命周期，是指一个人从出生、发育、成年到衰老死亡的整个过程。在生命的不同阶段，其环境和心理、生理都在发生变化。在不同的生命历程中个体的需求不同，生活目标也不同，生理素质也不尽相同，由此决定的休闲体育行为也有很大的差异。例如，个体在退休后，更多地趋向于把休闲体育作为生命中重要的组成部分，休闲活动也局限在一些低技术门槛、静态的、被动的休闲。如看电视、逛公园等，对休闲体育的态度也会更趋向于肯定。而在年轻时期，发展成为主要的需求，工作和获得事业上的成就是首要的目标，休闲体育成为社会交往和信息交流的主要手段，被赋予了些许功利的色彩。同时，不同的生命历程也决定了个体在学习休闲体育方式上的差异，形成不同的休闲体育风格。总体看来，由生命历程决定的工作时间、年龄、生活角色、婚姻状况、社会阶层、经济状况、健康状况、之前的休闲体育经历等都会影响到个体对休闲体育的价值取向，进而影响到休闲体育文化。一个年龄结构均衡的城市与一个完全步入老年社会的城市相比，休闲体育文化是有明显差异的。

（四）社会文化进步对休闲体育文化的影响分析

所谓文明进程是指城市的发展进程，是城市与乡村分离的进程。由于城市与乡村是有着明显区别的，城市代表着现代，而乡村代表着传统。城市与农村之间的休闲体育文化的差异就能体现这种差异。城市代表的是一种城市化的社会休闲体育文化，在较快生活节奏和较大生活压力影响下，人们休闲体育行为更趋多样化，休闲体育需求较高；

而农村代表的则是一种非城市化的社会休闲体育文化，是传统农业社会农耕文化影响下的休闲体育文化，缓慢的生活节奏和悠然自得的市民心理，封闭的文化氛围，使得人们休闲体育行为随意而知足，注重休闲体育的体验性。

第二篇　休闲体育运动项目

第一章　高尔夫球运动

第一节　高尔夫球运动的概述

站在广阔无垠的大自然中，无丝竹之乱耳，无案牍之劳形，振臂挥杆间，银球划空，露在草地，滚进洞中……仰首望重峦叠嶂，低头观小溪潺潺，整个大地尽收眼底，顿感劳疲、倦烦化为烟云，这就是高尔夫球运动的感人场景。

高尔夫球是在户外草地上进行的一种运动。运动员们站在宽阔的、绿茵茵的草地，用长短不等的球杆，从一系列开球台上打一个质地坚硬、有一定弹性的洁白小球，依次击入一系列球洞。数强竞技，各打各的球，互不干扰、争抢。比赛可由二人或数人参加，也可两队或数队相争。

打高尔夫球时，每次击球前均需观察与琢磨。从击球距离、选择球杆到采用打法，都要凝神细思。方案形成后，靠手、臀、腰、腿、脚、眼的协调配合，化理想为现实。历此辛苦，如果出现好球，怎不令人兴奋、激动？击球不理想，甚至失败，亦时有发生，这更让人跃跃欲试，力争雪耻。这样一种头脑与身体并用的运动，自然会使人入迷成瘾。这项运动不借助体力，而是灵与肉的结合，所以男女老少皆宜，并可成为残疾人的最佳运动项目。弗格尔一只臂残，竟然在1954年世界高手云集的美国高尔夫球大赛中夺魁，便是一个有力的佐证。

一、高尔夫球的历史

现代高尔夫球运动起源于苏格兰（亦有人说源于荷兰）。15 世纪中叶，高尔夫球运动在苏格兰已经盛行。

英国最早的高尔夫球俱乐部为"绅士高尔夫球社"（现名"爱丁堡高尔夫球社"）。该社在 1745 年举行比赛，胜者可获一根银杆，并担任该社社长。首任社长为一名叫爱丁堡的外科医生，"皇家古代高尔夫球俱乐部"（即现在的"圣·安德鲁斯皇家古代高尔夫球俱乐部"）成立于 1754 年。这两个俱乐部对苏格兰高尔夫球运动的发展均起了重大作用，它们是制定高尔夫球运动规则的鼻祖。后者自 1919 年以来，所有英国和英联邦国家男子高尔夫球赛事均由其包办，使高尔夫球成为一项有组织的体育运动项目。第一批优秀高尔夫球选手也最早在英国崭露头角。这些人后来以高尔夫球为事业，分别从事制作高尔夫球、修理球杆、设计和维修高尔夫球场等工作。

19 世纪下半叶，英国职业和业余高尔夫球选手驰骋世界高尔夫球场，几乎囊括所有大赛的桂冠。英国女子高尔夫球联盟成立于 1893年。第一届英国女子高尔夫球锦标赛与其同时举行。1907 年，法国选手阿诺·马西荣获英国公开赛冠军，成为打破英国垄断高尔夫球坛的第一位外籍球员。到 20 世纪 50 年代，在美国职业选手大赛上，澳大利亚、新西兰、南非、日本、阿根廷等国的选手也踊跃参加角逐，英国选手独揽高尔夫球桂冠的历史已成明日黄花。

美国高尔夫球协会成立于 1894 年。该会宗旨是组织美国业余赛和公开赛，制定高尔夫球赛规则。该会成立翌年便组织了三次大赛：业余选手赛、业余女选手赛和公开赛。至今仍定期举行不辍。

第二次世界大战后，美国高尔夫球选手初现端倪，并逐渐取代英国，成为国际高尔夫球坛霸主。

国际高尔夫球大赛原只限于职业选手参加，自 1965 年英国公开赛以来，业余选手也获准参加国际性大赛。这为高尔夫球运动的进一步发展起到了促进作用。到目前为止，最著名的高尔夫球比赛有英国公开赛及业余锦标赛、美国公开赛、业余赛、职业高尔夫球协会马斯特斯锦标赛（又称精英赛或超级高尔夫明星赛）和世界杯赛等。1905 年美国在纽约州举行第一次老年高尔夫球赛之后，又出现了少年高尔夫球赛。

马斯特斯赛是一种职业选手的公开邀请赛，设有巨额奖金，从1934 年起，每年春天均在美国佐治亚州的奥古斯塔城举行。1965 年杰克·尼克劳斯 25 岁时，以低于标准杆 17 杆、4 局共 271 杆的成绩打破了本·霍根创造的纪录。尼克劳斯有一局的战绩仅 64 杆，平了 1940 年洛依德·曼古鲁姆的纪录，比阿罗德·帕玛和南非的加里·波雷厄领先 9 杆。尼克劳斯在这次马斯特斯大赛上身手不凡的出众表现，在当时被誉为"高尔夫球史上最精彩的表演"。

世界杯赛是职业选手的团体赛，每队只限两人。首届世界杯赛于1953 年举行，阿根廷队获胜，当时参加者仅 7 个队，而到 1968 年，比赛者多达 40 个队，其发展之快可见一斑。

老年高尔夫球赛始于 1605 年。当时，纽约一位 60 多岁的老人为表明高尔夫球并非为年轻人所独享，毅然组织了老年人高尔夫球赛，邀请 55 岁以上的人参加。参加者踊跃异常，首届比赛竟达 300 人之多。1917 年 1 月，美国成立了老年人高尔夫球协会，成员有 400 人，半年内增至 700 人，后来达到 1000 人。无独有偶，此类组织还有几个。例如，西部老年人高尔夫球协会、北部和南部老年人高尔夫球协会等。美国现在共有老年人高尔夫球组织机构 50 多个，加拿大和英国亦有此类组织。世界老年人高尔夫球业余锦标赛，从 1960 年起，每年举行一次。世界老年人高尔夫球业余团体锦标赛，自 1967 年以来每两年举行一次。

二、高尔夫球运动的价值

高尔夫球是一项要求高素质的高尚运动，因此，它不但对场地、球具和球技有高标准的要求，对每一个打高尔夫球的人的自身修养亦有严格的要求。最显而易见的一点便是对球员着装的要求。早期的球员打球时要穿燕尾服，着长筒靴——正如大家在高尔夫球绘画上所见到的那样庄严。随着社会的发展，服饰规定不那么严格了，可是一些基本的传统还是保留了下来，形成了现代高尔夫球着装的基本规则。如上衣要有领子，穿短裤要穿长袜，因为高尔夫球不仅仅只是一项体育运动，而且是一种社交活动。在这种场合着家居服似的圆领衫或暴露大腿，是非常不礼貌的，至少是对队友和观众不尊重的表现。对于鞋的要求，是出于对果岭的爱护，也是为了防止侧滑，故要穿钉鞋。此外，不要穿奇装异服，这也是高尔夫着装最起码的要求。

高尔夫球是绅士运动，除了环境优美、场地设施高雅外，最主要的表现是打球人的一举一动，要不失绅士风度。高尔夫球最重要的精神也恰恰和绅士风度相吻合，那就是一个"让"字。上发球台互相礼让；球道上，让打得近的先打；果岭上，让离球洞较远的人先推杆；打得慢的一组让打得快的一组超越先打；球技好的球员可以让杆给球技差的球员……简言之，礼让是一种美德，它是高尔夫球运动的传统，更是高尔夫规则的一部分。

高尔夫球精神还体现在一个"爱"字上，不但要爱物，更要爱人。爱物，自然指的是爱护场地设施。绿草如茵的场地，给每一个人带来视觉、感观和精神上的放松，使人心旷神怡。所以，爱护草场是每个球员的义务，更是一种责任。

如果草皮被铲起，应该马上将其放回原处，并放些细沙，使其恢复原貌；如果球打进了沙坑，要从球离沙坑最近的边缘进去打球；球打出沙坑后，要用平耙把沙坑耙平。爱人，指的是对别人的尊重。对教练要尊敬；对比自己打得好的队友要尊敬，虚心求教；对比自己打得差的球员要不遗余力地帮助，这样也能获得别人的尊敬与帮助，丰富知识，提高水平。同时，在一个球员准备打球时，谁都不可以说话或发出声响，以免影响球员击球。尊重别人安宁的权利，这是礼貌，也是文明。对待球童更要如朋友，因为球童不但是伙伴，在一定程度上更是你的参谋和老师。经过严格训练的球童，对球场的情况极为熟悉，他们可以揭示给你正确的距离、沙坑和水池的位置、果岭的特点和球杆的选择等。因此，打高尔夫球要取得好的成绩，离不开球童的帮助。

再有就是对球员内心修养的要求。在打高尔夫球之前，熟知规则，掌握有关知识，练好技术，都是十分必要的。高尔夫球的规则比较复杂，比赛中要时时要求自己按照规则办事，所以一定要熟知规则，并在实践中去正确运用。其次，高尔夫球知识范围是很广泛的，高尔夫球员要不断地学习和丰富高尔夫知识，了解高尔夫的典故和历史，掌握高尔夫常用的英语术语，这对打好高尔夫球都是大有裨益的，对高尔夫技术的钻研，更是永无止境的。

此外，高尔夫亦要求球员光明磊落，实事求是。在现场打球时，球员经常会碰到一些情况，萌生少报杆数的心理诱惑。而打高尔夫球要对自己负责，多一杆少一杆并不重要，为了一杆两杆欺骗自己，那是非常愚蠢的，更是有悖于高尔夫文明的。

高尔夫球和其他体育项目还有一点不同，那就是它不需要击败别人，而是自己靠技术，力争能打得更远更准，向自己挑战，战胜自己。因为要战胜自己，所以它要求球员要具备良好的心理素质，因此高尔夫球被认为是体育运动中最难也是最有意义的一项运动。

走近高尔夫，你会发现这是一项如此高尚、文明、健康、有益的体育运动项目。置身于其中，每一次打球都会有新的体会，在技术动作上也会有新的认识，对球技、对自我就会有更高更新的追求。

第二节 高尔夫球运动的场地和设施

高尔夫球场一般兴建在丘陵地带开阔的缓坡草坪上，经过人工绿化和匠心独具的点缀，自然景观与现代化建筑融为一体，每个球洞场地别具一格，充满刺激和挑战。

标准球场长 5943.6 ~ 6400.8 米，宽度不定，占地面积约 60 公顷。场地设 18 个球洞，依次称为第 1 洞、第 2 洞……第 18 洞。每个洞场地均设开球台、球道和球洞。以开球台为起点，中间为球道，果岭上的球洞为终点。关键地段设有界桩。

开球台是开球用的一块草地，略高于地面。开球台上设有两个球状标记，相距 5 码（1 码 = 0.9144 米）左右。开球线是标记之间的直线。每一开球台有三组远近不一的标记，作为开球线。离球洞最远的开球线，称为"冠军"开球线，中间开球线一般供男选手使用，最前面的开球线则供女选手专用。

球道紧连开球台，是通往果岭的最佳草坪和路线，落在球道上的球，易被击起。球道阴侧的滦草、草丛和树林叫作粗糙地带，在这里击球难度较大。而周围的沙坑、水塘、小溪则是最不理想的地带，击球非常困难，称为障碍物地带。

果岭是经过精心修整的短草草坪，球能在略有起伏的果岭草坪上无阻碍地滚动。果岭上设置球洞，球洞内有一个供球落入的金属杯，杯的直径为 4.25 英寸（1 英寸 = 2.54 厘米），深 4 英寸。一个旗杆插在杯中心，旗上标有洞序号码，能为远离果岭的选手指明果岭的方位。当击球入洞时，则需拔出旗杆。

打球从 1 号洞开始，依次打完 18 号洞，称为一场球。每个洞的场地大小不一，近约 100 码，远达 600 码。标准杆数是将球不失误地击入洞内需要的击球次数，每个洞的标准杆数取决于该洞场地的大小。

美国高尔夫球协会，对标准杆数有如下规定：男选手的标准杆数，250 码以内的球洞为 3 杆，251 ~ 470 码的球洞为 4 杆，471 码以上为 5 杆；女选手的标准杆数，210 码以内为 3 杆，211 ~ 400 码为 4 杆，401 ~ 575 码为 5 杆，576 码以上为 6 杆。

鉴于各球场的地形、地貌不同，难易程度不一，每个洞的标准杆数可略作调整，但 18 个洞标准杆的总数一般为 72 杆。通常情况下，高尔夫球场设置 4 个 3 杆洞、4 个 5 杆洞和 10 个 4 杆洞。

球技娴熟的高尔夫球运动员，在 4 杆洞的场地上，开始时将球击至 225～250 码远的球道；第二次击球可上果岭，再拨推两次，球即能入洞。击球入洞的杆数与标准杆数相同，称"帕"（PAR）；低于标准杆数 1 杆，称"勃蒂"（BIRDIE）；低于标准杆数 2 杆，称"伊格尔"（EAGLE）；比标准杆数多 1 杆，称"补给"（BOGEY）。

高尔夫球运动的器材较多，包括球、球杆、球座（tee）、鞋、手套、标记（mark）、修钗（Divot dizger）、球杆袋、推车等，这里简要介绍以下几种。

1. 球

高尔夫球质地坚硬，富有弹性，且多数为白色。球的最大重量为45.93 克，标准球速为 75 米/秒。美国高尔夫球协会规定球的直径为4.27 厘米，英国高尔夫球协会规定为 4.11 厘米。

2. 球杆

高尔夫球杆分为三大类：木杆、铁杆和推杆。每一根球杆由杆头、杆颈和杆把组成。球杆分成不同的号码，号码越大杆身越短，杆面倾斜角度越大，打出的距离相对较短。

根据球杆的弹性和硬度，可分为传统型钢杆、平行型钢杆、轻型钢杆、特轻型钢杆。近年来，流行用碳纤维杆。随着高科技的发展，球杆也在不断地改进和发展。

球杆的硬度，一般可分为特硬型、硬型、普通型、软型、特软型5 种。

3. 球座

木质或塑料锥状的球座，是用来在发球台上发球时托架球用的。打一场高尔夫球需准备几个球座。

4. 鞋

高尔夫球鞋是用皮革制成，鞋底上带有粗短钉，或穿着摩擦力较大的平底鞋。打高尔夫球时穿专用鞋有以下作用。

第一，鞋底有钉子或摩擦力大，可以增强站位的稳定性，利于更合理地完成每一次击球动作。

第二，皮革面可以防雨防露水，在地面上有积水时，可以起到防滑的作用。

第三，在行进和打高尔夫球时，高尔夫球鞋鞋底钉子扎出的洞，有利于草根部通过洞穴呼吸空气，能起到保护草皮的作用，在选择高尔夫球鞋时，大小一定要合适，穿起来应感到既宽松又合脚。

5. 手套

为了使手掌握杆时能填满手与握杆间的空隙，使手与球杆轻松而牢固地连成一体，为了更舒适地握紧杆柄，避免磨手，更好地挥杆击球，为了防滑和防寒，在打高尔夫球时一定要戴手套。

由于握杆时是以左手用力为主（指在预备击球时向右后引杆者），一般只是左手戴手套；相反，若是左撇子就应右手戴手套了，当然也有的人两手都戴。

高尔夫手套质地非常柔软，是用精选的小羊羔的皮或者是山羊皮制成的，当然也可以用各种皮料及布料制成。下雨时可戴布料制成的手套。

6. 标记

高尔夫球规则规定，当球打上果岭后，可以把球拿起来擦拭。为了记住球的位置，在拿起球前，需要在球的后面做上标记。轮到你打球时，把球放回原标记处，再把标记拿起。标记一般用塑料制成，为图钉状。

7. 修钗

修钗是修理果岭的工具。由高处落在果岭上的球，有时会在果岭上砸出一个小坑；由于外界的影响，使果岭出现裂痕；穿钉鞋不小心划坏了果岭等，都会使果岭遭到损坏。打高尔夫球时，发现了以上现象，应立即主动地用修钗进行修理。爱护场地是每一个人的职责，打高尔夫球一定要备有修钗。

8. 球杆袋

也叫球包，是装球杆的袋子，除放球杆还可以放球、球鞋、雨伞、毛巾等用品。

9. 推车

推车是用于推球杆袋的车子。

10. 球道车

用来拉球杆袋和人的电瓶车，可以由运动员自己驾车，也可以由球童驾驶。

11. 沙袋和沙子

在发球台或球道上，挥杆打起草皮是正常的。当打起草皮后，要把草拿回，放上一些沙子，用脚踏一踏，这样才利于草的再生长。因此，打高尔夫球必须备有沙袋，并且装上足够用的沙子。

第三节　高尔夫球的基本技术

高尔夫球准备动作基本要领主要包括三个动作：握杆、准备击球姿势（亦称挨球式）及脚位。渴望打好高尔夫球者必须好好学习，体会和掌握基本要领。在平时，一些打了多年高尔夫球的人也会打出一些"坏球"。究其原因，还是掌握基本要领有问题。例如，现今仍活跃于世界高尔夫球坛、被人誉为世界高尔夫"球王"的美国选手杰克·尼克劳斯，曾在一次球赛季节结束后拜访他十岁时的入门老师杰克·克拉克，尼克劳斯拜访老师的目的不是讨教高超技艺，而是请求老师重新教导他"握杆""振杆""击球姿势"和"脚位"等最基本的技术。由此可见，掌握基本要领多么重要。

学习打高尔夫球的基本要领须注意两点：一要刻苦认真，力求动作规范化；二要根据自己的具体条件，深入理解基本要领，掌握其原理、目的和方法，勤学苦练，练就一套适合自身条件的基本技能。切忌单纯模仿职业选手挥杆姿势或高级技术，忽视基本要领的掌握和练习。其道理很简单，"欲速则不达"。

打高尔夫球最基本的动作是挥杆。如有机会，求教于教练，系统地学习是最好的办法。最佳方式应先听几次理论课，再到练习场做击球练习。初学者在没有教练员又没有参考书的情况下，如果盲目地练习，一旦养成错误动作，就很难纠正。倘若没有教练指导，就请仔细地研究本章要点，再找一位朋友观察所做动作，共同练习基本要领，纠正错误，提高球艺水平。

（一）握杆

握杆指双手握住高尔夫球杆的位置和方法。握杆方法正确与否，涉及振杆击球时力量大小和方向的控制，这是挥杆击球的关键，直接影响比赛成绩的好坏。两手握杆牢，才能使球杆成为自己身体的一部分，将躯体、双臂和双手的力量准确无误地传到杆头，有力地击球，但也不宜握得太紧，太紧会妨碍手腕灵活转动，使杆面方向失控、球的落点不佳；当然也不能握杆过松，过松会使杆在手中滑动或转动，导致击球无力和削弱控制方向的能力，甚至有使球杆飞出双手的危险。

正确的握杆方法是既要握牢球杆，防止滑动，又要确保两手腕最大的灵活性，以达到两个目的：一是获得最大的杆头运行速度，二是能控制杆面的方向。这两点对控制击球瞬间的冲击力和方向至关重要。正确的握杆方法如下：

习惯使用右手的球员，在准备击球的姿势站好后，先用左手握杆，使左手指关节朝球洞方向，球杆柄的末端贴于左手掌肥厚的小鱼际部，杆柄依对角线方向斜交手掌，然后左手指从杆柄底部向上似握拳式握杆，同时接触中指的最后一节和食指中间一节。再将左手向右翻转，直至大拇指与食指间形成"V"字形尖角向右倾斜，指向左肩。手劲特别大的球员，可以减少"V"形尖角向右倾斜的角度，而指向右肩与右颊间的方向。左手拇指应似一枚固定螺丝以约30°角紧压在杆把上，左手中指、无名指和小指则为着力手指。

左手按正确位置握好杆后，再用右手按握手姿势握杆，将右手各指握住杆柄，使杆柄与每一手指的第一指间关节接触，仅小指与左手食指相重叠，以便双手将杆握牢，但并不完全钩住。右手是以中指和无名指的力量为主握杆。

（二）准备击球姿势——挨球式

准备击球的姿势是准备击球时身体各部位所应在的位置。具体所指如下：按握杆要领握好杆后，身体自然站立，两脚自然分开约与肩同宽，头轻松地下俯，注视杆头。双膝稍弯曲，使杆头底部着地。身体左侧与目标（果岭或球道）保持适当角度，身体重心平均落在两脚上。

球位系指握杆站好后位于两脚前方的球，能处于最佳击球点的位置。通常，球位应在两脚中间偏左的位置。使用长杆，特别是木杆击远距离球，两脚应略宽于肩，球位应靠近左脚，使用短杆击近距离球，两脚要略窄于肩，球位一般靠近两脚间的中心点，如使用最短的9号铁杆，球位则置于两脚间的中心点上。

这里要特别注意的是，不管使用何种球杆，准备击球的基本姿势都不能变。许多初学者在使用较短球杆时，往往弓起身体。应该记住，无论使用长球杆还是短球杆，身体前倾的角度都应尽量保持稳定。长杆的杆头角小，杆头离脚距离远，短杆的杆头角大，杆头离脚距离近。按此规律调整杆头位置，即可保持基本姿势不变。

世界超级球星汤姆·华特逊、杰克·尼克劳斯、莱瑞·尼尔逊、兰尼·华德克斯和纳尔·卡莱斯等人在使用长杆时，准备击球姿势具有共同的特点：臀部撅得高，左膝几乎不弯，上身前倾时由髋关节前屈完成，不用腰椎前屈来代替。这样就使站姿升高，在挥杆击球时容易控制左腿这个支点，在转体中靠右膝和右脚旋转更能保持身体平衡。练习撅臀的方法极容易，离墙4~5英寸背对着墙站立，两脚跟着地，设法使臀部挨墙尽可能高的地方。

（三）脚位

脚位即准备击球时两脚站立的姿势，分为正脚位、开脚位和闭脚位。

正脚位，指两脚尖连线与准备击球路线平行的脚位。若全力击球，无论使用何种球杆，均可采用正脚位。

开脚位，指左脚微后撤的脚位。往往是在用短铁杆击球时采用，击出的球路向左弯曲。

闭脚位，指右脚稍向后撤的脚位。常在开球和球道上击球时采用，击出的球路向右弯曲。

无论采用哪种脚位，右脚与击球方向应该成直角，左脚与击球方向应为45°角。

（四）瞄准

射击、射箭要命中目标必须瞄准。在高尔夫球运动中，要把球击到预定的球位亦需要精心瞄准。高尔夫球瞄准的关键在于调整身体各部位，在最终击球的一瞬间，保证杆面正对着球并沿着目标线挥杆。

如何使杆面对正目标呢？这就要求在选定目标后，设想一条从目标到球的直线，即目标线。在目标线上离球2英寸（609毫米）的位置上，找一个点作为瞄准点，犹如枪上的准星。这个瞄准点可以是一根草、一片落叶，草皮上较深或较浅的一点。选好瞄准点后，设法使杆面对正瞄准点，这就完成了瞄准动作。球王尼克劳斯开球前，经常反复核实瞄准点，这是他成功的重要原因之一。

瞄准的具体步骤如下：①站在球的后方；②仅用右手握杆，设想一条目标线；③在目标线一端离球2英寸的位置上确定一个瞄准点；④两脚几乎并拢，球在左脚尖前方，再采用轻度的开脚位，让杆头面对正瞄准点。仅用右手握杆并采用微开的脚位瞄准，易于看清目标并使肩与目标线平行；如用左手握杆瞄准，容易瞄向目标右方。

（五）挥杆

掌握了正确的握杆方法和准备击球姿势之后，还需要通过挥杆才能击球。要击出理想的球路，应该尽量保证杆面与目标线的垂直，并在这种状态下击球。也就是说，正确的挥杆动作包含两个要领：一是固定并保持杆面的方向，二是使挥杆轨迹不变形。挥杆的基本原理是：球杆的长短，决定挥杆轨迹的长短，球飞行的高低，则视杆头角而定。也就是随着所用球杆长短的不同，挥杆轨迹的半径也要相应变化。但是，轨迹的弧度不能变化太大，而是越相近越好。因此，不论使用什么球杆，都要切记挥杆动作只有一种方式。

　　挥杆是个连贯的动作。为了掌握挥杆的要领，将挥杆分为引杆、上杆、下杆、击球和收杆五个分解动作。

第二章　网球运动

第一节　网球运动的概述

一、网球运动的起源

网球运动的起源及演变可以用四句话来概括：网球孕育在法国，诞生在英国，开始普及和形成高潮在美国，现盛行于全世界，被称为世界第二大球类运动。

网球运动起源于法国。早在 12～13 世纪，法国的传教士常常在教堂的回廊里，用手掌击打一种类似小球的物体，以此来调剂刻板的教堂生活。渐渐地这种活动传入法国宫廷，并很快成为王室贵族的一种娱乐游戏。当时，他们把这种游戏叫"jeu de paume"（法语，用手掌击球的意思），即"掌球戏"。开始，他们在室内进行这种游戏，后来移向室外，在一块开阔的空地上，将一条绳子架在中间，两边各站一人，双方用手来回击打一种裹着头发的布球。

14 世纪中叶，法国王储将这种游戏使用的球赠给英皇亨利五世，于是这种游戏便传入英国。

这种球的表面是用埃及坦尼斯镇所产的最为著名的绒布——斜纹法兰绒制作的，英国人将这种球称为"Tennis"（英文，网球），并流传下来，直到现在，我们使用的球还保留着一层柔软的绒面。

15 世纪，这种游戏由用手掌击球改用板拍打球，并很快出现了一种用羊皮纸做拍面的椭圆形球拍。同时，场地中央的绳子也改成了网子。16 ~ 17 世纪是这种活动的兴旺时期，逐渐形成了一种比赛。在这之前，由于这种活动只是在法国和英国的宫廷中流行，所以网球运动又称为"宫廷网球"和"皇家网球"。

1873 年，英国的温菲尔德（Walter Clopton Wingfield）少校改进了早期网球的打法，并将场地移向草坪地，同年出版了《草地网球》一书，提出了一套接近于现代网球的打法。1874 年，又规定了球网的大小和高低，在英国创办了简易的草地网球比赛。1875 年，英国板球俱乐部修订了网球比赛规则后，于 1877 年 7 月举办了第一届温布尔顿草地网球锦标赛。后来这个组织又把网球场地定为 23.77 米 × 8.23 米的长方形，球网中央的高度为 99 厘米（在这之前，球网的高度是 2.134 米），并确立了每局采用 15、30、40 平分的记分方法。1884 年，英国伦敦玛丽靳本板球俱乐部又把球网中央的高度定为 91.4 厘米。至此，现代网球正式形成，很快在欧美盛行起来，成为一项深受欢迎的球类运动。

随着网球运动的发展，在器材和场地设置等方面也不断地发展变化。网球拍由笨重的木制拍发展到制作精细的圆头拍。此外在重量、材料、质量、形状等方面都有很大的变化。球由原来的小布球发展到胶皮球、橡皮球。

1896 年在雅典举行的第一届奥运会上，网球的男子单打与双打被列为正式比赛项目。后来，由于国际奥委会和国际网球联合会在"业余运动员"的定义上有分歧，已经连续七届奥运会都进行的网球比赛被取消，直到 1984 年的洛杉矶奥运会上，网球被列为表演项目，1988 年的汉城奥运会上，网球重新被列为正式比赛项目。

二、网球运动的价值

网球运动是受人们普遍喜爱、富有乐趣的一项体育活动。它是利用总长不超过 81 厘米的拍框和拍柄，拍面由弦线编织的球拍，在长 23.77 米、宽 10.97 米的球场上，隔网来回击球的一种球类游戏。球为黄色，外表附以毛质物，直径为 6.35 ~ 6.67 厘米，重量为 56.7 ~ 58.47 克。两个人比赛时，每边各一人为单打。4 个人比赛时，每边各两个人为双打。

网球运动的锻炼价值很高，既是一种消遣，一种增进健康的手段，也是一种艺术追求和享受，还是一种扣人心弦的竞赛项目。打网球，文明，高雅，动作优美，每击出一次好球，打出弦音，使人感觉兴奋异常，愉快无比。

打网球可以培养人们动作迅速，判断准确、反应快、并能提高速度、力量、耐力、灵敏等素质。由于手握网球拍击球，在拍与球撞击时，需要根据来球的具体情况，随时挥拍应变处理，因此，对调节肌肉用力的紧张度与肌肉感觉有良好影响，对发展协调性有积极作用。

网球是一项老少皆宜的运动，从 8 ~ 9 岁的儿童到 60 ~ 70 岁的人，都可根据个人体力情况进行锻炼。长期坚持网球活动，青年人能保持青春活力和健美形态，老年人能保持旺盛精力、推迟衰老、延年益寿、情绪饱满。网球是隔网对抗项目，没有身体接触，安全、文雅。另外，打网球需要有一个对手或是球友，这样通过打网球可以增进友谊、加强团结、交流球艺、开展社交活动。

近年来，随着我国国民经济的不断发展，在我国老年人和青年人中，特别是高等学校中，出现"网球热"的势头，群众性的网球运动在悄然兴起。我们深信，网球这项运动一定会在新中国迅速普及起来，成为群众喜爱的体育运动。

我国网球运动是在 19 世纪后期，由英、美、法等国商人、传教士和士兵作为娱乐活动相继传入的。随之在上海、广州、北京等城市教会中出现打网球活动，后来在教会学校中也开展起来，最早开展网球活动的学校，有北京的汇文学校、通州的协和书院、上海的圣约翰书院、广州的岭南学校等。

旧中国网球竞赛开展比较早，1910年第1届全国运动会就设网球项目，从第3届开始设女子项目。1915～1934年男子参加了第2届至第10届远东运动会，女子队参加了第6届至第10届远东运动会的网球表演赛。在第8届远东运动会上，以邱飞海、林宝华为主力的中国队曾获得冠军。1924年中国首次参加温布尔顿网球赛，邱飞海在比赛中进入第2轮。1928年我国从旅美留学生中选派选手参加戴维斯杯比赛，1935年侨居印尼的许承基返国参加第6届全国运动会，获网球男单冠军，后来多次被选为中国戴维斯杯队选手赴美参赛。他在1938年参加温布尔顿网球赛时，由于技术超群、战绩显赫，被列为第8号种子选手。

那时的网球运动只在少数人中间流行，从1924年至1946年虽6次派队参加戴维斯杯比赛，多是在第一、第二轮被淘汰，技术、战术水平较低。

中华人民共和国成立后，网球运动在起点低、基础差、交往少的情况下逐渐发展，1953年在天津首次举办了包括网球在内的四项球类运动会（篮球、排球、网球、羽毛球），1956年举行全国网球锦标赛，后来全国网球等级联赛定期举行，并实行升降级制度，还定期举办全国网球单项比赛、全国硬地网球冠军赛、全国青少年网球比赛，近年来又搞起了巡回赛，另外，老年网球赛、高校网球赛、少年网球赛也蓬勃开展。这些竞赛对促进网球技术水平的提高起到了积极的推动作用。

20世纪80年代以来，我国网球运动水平提高幅度较快。1986年第10届汉城亚洲运动会网球比赛，我国运动员李心意获女子单打冠军。1990年第11届北京亚洲运动会网球比赛，我国运动员获三块金牌、三块银牌和一块铜牌（男子团体冠军、潘兵获男子单打冠军、夏嘉平和孟强华获男子双打冠军）。女子队参加1991年联合会杯网球团体赛，在58个参赛队中进入16强，李芳从国际网球排名200号位跃升到 155 位，夏嘉平参加世界大学生运动会网球比赛获男子单打冠军……这些成绩说明我国网球运动有了长足进步，令人鼓舞。然而从世界角度看，我国网球水平存在的差距是相当大的，仅从国际网联世界排名看，1991 年我国男子排名最前的是 300 位，女子排名最前的是 155 位。1992 年巴塞罗那第 25 届奥运会网球赛，中国选手有 5 名参赛。女单李芳、陈莉，女双李芳/唐敏，男双孟强华/夏嘉平，除女双进入第二轮外，其他均在第一轮被淘汰。在 1994 年年终国际网联世界排名中我国的夏嘉平为 313 名，潘兵为 215 名，李芳（女）为 66 名，陈丽 233 名，唐敏 237 名，由此可见我国网球与世界水平相比的差距了。

第二节　网球运动的场地和器材

一、网球场地

（一）网球场地概述

网球场地分草地、硬地、土地和涂塑场地。硬地网球是在水泥或沥青球场进行，球落地后反弹高、速度快，属快速场地，这种球场对上网打法很有利。土地网球是使用黄泥球场，球落地后速度较慢，属慢速场地，适宜以稳守为主的底线型打法。草地网球属中速场地，适于混合型打法。涂塑场地则和快速场地相近，沙地属慢速场地。

1. 场地各线的宽度

（1）全场除端线可宽至 10 厘米外，其他各线的宽度应在 2.5 ~ 5 厘米的范围之内。

（2）全场各区的丈量除中线外，都从各线的外沿计算。

2. 场地各线的长度

（1）边线长 23.77 米。

（2）端线长单打为 8.23 米，双打为 10.97 米。

（3）发球线至端线 5.485 米；发球线至球网地面 6.40 米。

（4）发球区每半场有左、右两个区，长 6.40 米，宽 4.115 米。

（5）中点位于端线中心，长 0.10 米，宽 0.05 米。

（6）网柱高 1.07 米，球网中央高 0.914 米。

（7）场地周围空地，端线外至少要有 6.40 米，边线外至少要有 3.66 米。

（二）球场固定物

球场固定物包括球网、网柱、单打支柱，绳或钢丝绳、中心带、网边白布；球场四周的挡网、看台、固定的或可移动的座椅及其占有人；安置在场地周围上空的设备，以及在各自位置上的裁判员、司线员等。

比赛中经常发生的球触固定物，有两种情况。击出的球，落到对方场区地面后再触及固定物（球网、网柱、单打支柱、绳或钢丝绳、中心带）时判击球者得分，球在落地前触及固定物，判对方得分。

二、网球拍

（一）网球拍规格

（1）球拍的击球面必须是平的，由弦线上下交替编织或连接组成，其组成格式应完全一致。每条弦线必须与拍框连接，特别是穿线后共中心密度不能小于其他任何区域密度。

（2）拍框和拍柄的总长不得超过 81.28 厘米，总宽不得超过 31.75 厘米。拍框内沿长不得超过 39.37 厘米，总宽不得超过 29.2 厘米。

（3）拍框、拍柄和弦线，不应有附属物或突起物，不应有任何可使运动员实质上改变球拍形状的设备。

（二）网球拍种类

网球拍从材料上分，有石墨的、化纤合成材料的、金属的和木制的多种。网球拍重量有轻（L）（<13 盎司）、中轻（LM）（13～13.5 盎司）、中（M）（13.5～14 盎司）、重（T）（>14 盎司）。由于拍面整体或半径的不同，又可分为小型拍头球拍、中型拍头球拍和大型拍头球拍。

第三节　网球的基本技术与战术

一、握拍法

经常打网球的人都知道有三种基本握拍方法，即"东方式"、"西方式"和"大陆式"。这些叫法对我们亚洲人来说，开始有些搞不明白，因为我们对"东方式"、"西方式"和"大陆式"有我们的理解。但网球的这几种握拍叫法流传甚久，被世界广泛采用，我们也就随着这样叫了。

原来"东方式"和"西方式"握拍法的分类，分别起源于美国的东、西海岸，它是从美国东部和西部球场的不同性质，产生出来的不同握法。"东方式"握法适于当时美国东部各州的红土球场，在这类球场上击出的球，旋转少且平直，比赛时最适合这种握法。"西方式"握法适于当时美国西部水泥硬地球场，球落地弹跳较高、速度较快，用这种握法最适合这类球场的特性。"大陆式"握法起源于欧洲大陆，因为早期欧洲草地球场多，球落在草地上滑溜而弹跳低，适于采用这种握法。

为了能清楚地说明各种握法与拍柄的关系，现将拍柄上各部位名称介绍一下。网球拍柄是多边形的，有八个边，球拍在垂直于地面时，拍柄的八个边可分别名为：上平面、下平面、左平面、右平面，左上斜面、右上斜面、左下斜面和右下斜面。

（一）东方式

正手握法：先使拍面与地面垂直，然后如同与球拍握手一样握住拍柄。这时大拇指与食指间的 V 形虎口，恰好在拍柄的上平面偏右的位置。拇指第一关节扣住拍柄的右平面，食指则轻绕至拍柄右侧至下平面。中指、无名指和小指紧握，并与大拇指接触。

反手握法：使 V 形虎口略偏左侧，位于左平面和上平面之间的左上斜面，食指关节在右上斜面的位置。

（二）西方式

正手握法：手掌 V 形虎口位于拍柄的上平面和右上斜面的交接处，手掌中心握住拍柄的右平面，手腕稳固地贴紧拍柄后侧的右平面，大拇指关节在拍柄的右上倾斜面的位置。

反手握法：手掌 V 形虎口位于拍柄的上平面和左上斜面的交接处，拇指第一指节贴紧拍柄的左平面。

（三）大陆式

正手握法：手掌 V 形虎口正对拍柄的左上斜面，大拇指扣压住左平面，食指关节握住拍柄的上平面边缘和右上斜面的位置。

反手握法：手掌 V 形虎口的位置与大陆式正手握法相同，不同之处在于拇指略放松一些，而非紧扣压拍柄。

（四）双手握法

正手握拍：通常以"东方式"正手握拍为主体，另一只手作为辅助，于"大陆式"和"东方式"反拍握法之间。使用双手正手握拍的运动员人数很少，因为在步法上它要比单手击球多跑一步，要有很好的体力才能适应。

反手握拍：右手握法介于"东方式"和"大陆式"反手握法之间，辅助的左手使用"东方式"正手握拍法，这样可以固定拍面，增强击球力量。

二、准备姿势

运动员击球前都要从一个准备姿势开始起动，准备姿势正确与否关系到起动快慢和击球效果，也关系到比赛的胜负。正确准备姿势应当是双脚开立比肩略宽，脚掌着地，脚跟抬起，身体重心置于两脚前脚掌之间，两膝微屈，并保持膝关节的良好弹性，上体微前倾，两眼注视对手或来球。球拍置于腹前，拍头指向前方略偏左，微上翘，手腕低于拍头。用正手握法轻握球拍，不持拍手轻扶着球拍的颈部。不要忽视不持拍手扶拍的作用，它可以扶住并稳定球拍，减轻持拍手的腕部负担，另外还能起到将球拍引至身体一侧的辅助作用，有利于加快动作。

三、正手抽球

正手抽球是在端线附近回击来球和进攻对方的重要基础技术，是初学者最先学习的击球动作，它既是网球初学者的入门技术，又是大多数网球运动员用以制胜对手进攻得分的手段。正手抽球速度快、力量较大，球被击出后有一定弧线，比赛中常用来进行底线长抽攻击，在上网前的一击中也多使用。

动作方法：右手持拍运动员（以后动作举例同）从准备姿势开始，移动到来球位置，最后一步要保持左脚在前，身体左侧朝向来球方向。这时将球拍充分向后挥摆，拍头翘起，手臂伸展，眼睛注视来球。向前挥拍迎球过程中，球拍由低向高挥动，拍与球碰撞的击球点在身体右前方，高度保持在腰与肩之间。拍触球时，拍面垂直或稍前倾，击球中部或中上部，手腕固定握紧球拍，大臂和腰部随身体转动向前上方协调配合用力，身体重心从右脚逐渐移到左脚。击球后球拍随势挥至身体的左侧前上方。抽球动作完成后迅速还原，恢复成准备姿势。

四、反手抽球

反手抽球是球落在身体左侧采用的一种击球方法，是网球重要基础技术之一。一般人往往正手技术掌握较好，反手技术掌握差，比赛中反手常常是对手攻击的一个薄弱环节。因此，初学者必须对反手技术要更加用心苦练。

动作方法：当来球飞向反手方向时，移动到位的最后一步，要保持右脚在前，身体右侧朝向来球方向，球拍向左后挥摆。这时持拍手臂的肘部保持适当弯曲，拍头稍翘起，在迎球过程中，挥拍手臂与向右转体动作相配合，使球拍由低向高挥动，拍与球碰撞的击球点，在身体左前方，高度在腰间。拍触球时手腕固定握紧球拍，拍面垂直或稍后仰，击球中部附近部位。击球后球拍随势挥至身体的右侧前上方，身体重心从左脚逐渐移到右脚，然后迅速还原成准备姿势。

五、双手反手抽球

双手反手抽球是许多运动员在端线附近抽击反手球时常用的方法。由于击球时双手在拍柄上有两个支撑点，当球与拍碰撞时，拍面的稳定性强，球拍不容易被来球撞动或扭转。双手挥拍多靠转体配合，击球力量相对比单手反手要大，也容易拉出强烈上旋球。只是要求双手反手抽球时，击球点比单手反手抽球更近身一些，并且要多跑动一步才能选好合适的击球位置。

动作方法：当判断准来球是飞向反手方向时，在移动到位的最后一步应保持右脚在前，身体右侧朝向来球方向，双手握球拍向左后挥摆，右臂伸展较大，左臂弯曲。在迎球过程中，挥臂与转体动作配合，使球拍由低向高挥动，拍与球碰撞的击球点，保持在髋前。拍触球时双手握紧球拍，两肩和两髋随着转动，拍面垂直或稍后仰，击球的中部位置。击球后双手随势挥至右侧头部高度，身体重心从左脚移到右脚，动作完成后迅速还原，恢复成准备姿势。

六、发球

（一）一般发球

发球是比赛开始的第一个动作，也应当把发球看作进攻的开始。它是网球技术中非常重要的一类技术，也是唯一能由自己掌握而不受对方影响与干扰的技术。好的发球应具有攻击性，并使发出的球在速度、力量、旋转和落点方面有变化。

发球时有固定位置和规定。站在端线后，中点和边线的假定延长线之间的区域里，发球时运动员将球抛起，在球接触地面以前，用球拍击球。球拍与球接触时，即完成发球动作。发出的球在对方还击前，应从网上越过落到对方对角的发球区内或其周围的线上。发球时要求发球员保持原站立的位置上，不得行走或跑动。由于以上规定，对发球的技术性要求是比较高的。

发球时击球点的高低与所发出的球的力量和命中范围大小有密切关系。击球点高，直线的命中范围较大，宜于大力发球时采用；击球点低，直线的命中范围较小，或不宜命中，需要在球飞行期间形成一定的弧线，因而影响击球的力量，多在第二次发出比较保险的球时使用。

动作方法：两脚自然开立，侧向球网，前脚与端线约成45°。身体重心置于后脚。抛球时球拍开始靠近膝关节向后下方挥动，左臂和左肩上举将球抛起，这时右肘弯曲，使球拍在背后下垂。向上挥拍击球时，充分伸展手臂，拍头朝前，在右肩上空击中自上下落的球。发球动作结束时，球拍向左下挥过身体，后脚摆过端线。

（二）大力发球

大力发球的特点是出球力量大，速度快，落点深，威力强。优秀运动员一般用于第一次发球，常可直接得分。这种发球命中率较低，又因对方还击快，上网有时来不及，并且体力消耗也较大。

动作方法：发球时应使球拍从后开始挥击，在背后下垂拍头；一般有两种方式：①直接转体后下垂拍头；②从下绕环后下垂拍头。其目的是增大摆幅，以求获得足够的加速距离。发球时球拍触球的最佳击球位置，应保持在身体垂直面稍前的部位。身体适当前倾，有利于扩大命中范围。大力发球时，先将球向右侧上方抛起，然后球拍下垂从背后开始挥拍迎球，挥拍过程中力争球拍瞬时速度最快的片刻，在头上合适高度使拍触球，击球后继续使球拍向目标挥动，头部保持随球移动，拍随势挥过身体左侧，身体重心随之向前进入球场。

七、接发球

要接好发球必须掌握比较全面的基本技术，因为接发球之前，接球员对于对手可能发过来的球方向，旋转、力量、速度等都无法控制。一旦对方将球发出来就要迅速做出判断和反应，并且选择恰当的击球方式来完成接发球动作。

（1）接发球站位：一般位于端线附近，力求在接发球时向前移动击球。准备姿势：保持两脚平行站位，比肩略宽，右手持拍者一般右脚稍前，两膝微屈，上体稍前倾，脚跟提起，将球拍置于体前。

（2）在接发球的全过程中眼睛始终要注视来球，一直到完成还击动作。要观察对手的抛球，这样有利于判断发球的方向和旋转。

（3）对方第一次发球时多采用大力发球，站位应偏后一些，如果是第二次发球时可略向前移，利于采取攻击性的还击。

接大力发球时不要作大幅度的后摆动作，主要是控制好拍面角度并握紧球拍以免拍面被震转动。

（4）还击来球之前要观察对方行动，对自己的回球路线和落点要有所考虑。选择好接发球落点，对控制对手发球后抢攻有重要意义。

接发球是比较难掌握的技术，但是有个重要的事实是，优秀运动员在比赛中，接发球失误率约占 25%，它说明绝大部分（75%）的球是能够顺利还击的。

第四节 网球比赛的基本规则

一、网球发球方式

（一）发球

1. 发球前的规定

发球员在发球前应先站在端线后、中点和边线的假定延长线之间的区域，用手将球向空中任何方向抛起，在球接触地面以前，用球拍击球（仅能用一只手的运动员，可用球拍将球抛起）。球拍与球接触时，就算完成球的发送。

2. 发球时的规定

发球员在整个发球动作中，不得通过行走或跑动改变原站的位置；两脚只准站在规定位置，不得触及其他区域。

3. 发球员的位置

（1）每局开始，先从右区端线后发球，得或失一分后，应换到左区发球。

（2）发出的球应从网上越过，落到对角的对方发球区内，或其周围的线上。

4. 发球失误

未击中球，发出的球，在落地前触及固定物（球网，中心带和网边白布除外），违反发球站位的规定。发球员第一次发球失误后，应在原发球位置进行第二次发球。

5. 发球无效

发球触网后，仍然落到对方发球区内，接球员未做好接球准备，均应重发球。

6. 交换发球

第一局比赛终了，接球员成为发球员，发球员成为接球员。以后每局终了，均依次互相交换，直至比赛结束。

（二）通则

1. 交换场地

双方应在每盘的第 1、第 3、第 5 等单数局结束后，以及每盘结束双方局数之和为单数时，交换场地。

2. 失分

发生下列任何一种情况，均判失分。

（1）在球第二次着地前，未能还击过网。

（2）还击的球触及对方场区界线以外的地面、固定物或其他物件。

（3）还击空中球失败。

（4）故意用球拍触球超过一次。

（5）运动员的身体、球拍，在发球期间触及球网。

（6）过网击球。

（7）抛拍击球。

3. 压线球

落在线上的球都算界内球。

（三）双打

1. 双打发球次序

每盘第一局开始时，由发球方决定由何人首先发球，对方则同样在第 2 局开始时，决定由何人首先发球。第 3 局由第 1 局发球方的另一球员发球。第 4 局由第 2 局发球方的另一球员发球。以下各局均按此次序发球。

2. 双打接球次序

先接球的一方，应在第 1 局开始时，决定何人先接发球，并在这盘单数局，继续先接发球。对方同样应在第 2 局开始时，决定何人先接发球，并在这盘双数局继续先接发球。他们的同伴应在每局中轮流接发球。

3. 双打还击

接发球后，双方应轮流由其中任何一名队员还击。如运动员在其同队队员击球后，再以球拍触球，则判对方得分。

（四）计分方法

1. 胜 1 局

（1）每胜 1 球得 1 分，先胜 4 分者胜 1 局。

（2）双方各得 3 分时为"平分"，平分后，净胜两分为胜 1 局。

2. 胜 1 盘

（1）一方先胜 6 局为胜 1 盘。

（2）双方各胜 5 局时，一方净胜两局为胜 1 盘。

3. 决胜局计分制

在每盘的局数为 6 平时，有以下两种计分制。

（1）长盘制：一方净胜两局为胜 1 盘。

（2）短盘制：决胜盘除外，除非赛前另有规定，一般应按以下办法执行：

①先得 7 分者为胜该局及该盘（若分数为 6 平时，一方须净胜两分）。

②首先发球员只发第 1 分球，对方发第 2、第 3 分球，然后轮流发两分球，直至比赛结束。

③第 1 分球在右区发，第 2 分球在左区发，第 3 分球在右区发。

④每 6 分球和决胜局结束都要交换场地。

4. 短盘制的计分

（1）第 1 个球（0∶0），发球员 A 发工分球，1 分球之后换发球。

（2）第 2、第 3 个球（报工 1∶0 或 0∶1，不报 15∶0 或 0∶15），由 B 发球，B 连发两分球后换发球，先从左区发球。

（3）第 4、第 5 个球（报 3∶0 或 1∶2，2∶1，不报 40∶0 或 15∶30，30∶15），由 A 发球，A 连发两个球后换发球，先从左区发球。

（4）第 6、第 7 个球（报 3∶3 或 2∶4，4∶2 或 1∶5，5∶1 或 6∶0，0∶6），由 B 发 1 分球之后交换场地，若比赛未结束，B 继续发第 7 个球。

（5）比分打到 5∶5，6∶6，7∶7，8∶8……时，需连胜两分才能决定谁为胜方。但在记分表上则统一写为 7∶6。

（6）决胜局打完之后，双方队员交换场地。

平分决胜制的由来：

网球平分决胜制 Tiebreaker System 始于 20 世纪 70 年代初期，它的问世是由于网球比赛中的平分与平局现象无休止延续，马拉松式的鏖战屡见不鲜。根据资料记载，1953 年温布尔顿锦标赛有一盘比赛打过 93 局。1969 年有一盘球打了 100 局（51∶49），弄得运动员精疲力竭，观众晕头转向，昏昏欲睡。

鉴于上述情况，人们于是想方设法改变这项近百年历史的规章制度。70 年代初，首先出现九分五胜的"立见分晓"制 Sudden death，即局数 6∶6 时，第 13 局采用九分五胜制以决胜负。执行这个规则后，运动员与观众都随着比分的进展步入高潮，特别是 4∶4 时，任何一方只需再胜一分就能立见分晓，所以赛场气氛往往令人窒息。

经过一段时间的实践，人们感觉"立见分晓"制太刺激，而且充满侥幸性，于是提出 13 分 7 胜制和没有"平分"deuce 的形式等。但都不太理想。直至 1978 年，改为现在世界通用的 12 分 7 胜制。

一般来说，在非决胜盘比赛中，局数打到 6∶6 时，即采用王 2 分 7 胜的平分决胜制。任何一方在第 13 局中先胜 7 分，即可获胜。但当双方比分到 6∶6 时，则任何一方必须净得两分后才算胜这一局。

二、裁判方法

（一）怎样记录一场网球比赛

正确地为一场网球比赛作记录是很重要的。下面介绍在国内外通用的记录表格和记录方法，作为一个网球裁判员一定要学习它和掌握它。

下述记录表格注明了第一局比赛的比分过程，报分情况是这样 "15∶0、30∶0、30∶15、40∶15、40∶30，一局结束 AB 胜"。第二局比赛 "0∶15，15 平，15∶30，30 平，40∶30，平分，CD 占先（发球占先）平分……"。报分时应先报发球员的分。

记分注意事项：

（1）记分表要填写清楚，首先将比赛项目，对手姓名（包括单位）、场地号等填好。

（2）在选择场地和首先发球后，根据主裁判坐的位置，将首先发球的运动员姓名首写字母填写在第一局空格中，第二局填写对方运动员姓名的首写字母，方位与第一局相同，第三局的方位改到另一面，第四局同第三局，依此类推，交替进行。根据这一规律，在比赛前可将第一盘各发球局运动员姓名的首写字母和所在的方位填于空格中。

（3）在局数总计一格中可根据第一局运动员所在的方位，将双方运动员姓名的首写字母或单位填于空格中。

（4）在第×盘开始时间的格中，填写本盘开始比赛的时间。

（5）在比分一栏的下面方格内记录比分，上半部为发球方的得分，下半部为接球方的得分，每一分球判定后，用铅笔画一记号。

①得分画"／"（我国画"．"，判点球画"⊙"或"Y"）。

②第一次发球失误，在发球方格内的下部画"．"。

③发球直接得分写"A"。

④发球双误在接球方格内写"D"（我国画"X"）。

⑤运动员违反守则在对方格内写"C"。

⑥第几局谁胜即在局数总计中填上本方获胜局数的累计数。

⑦在记分表中规定的换球局附近应做一明显标志，画一横线"———"或"△"等。

⑧当局数为6∶6时，即进行决胜局的比赛，采用12分7胜，即谁胜了该局就胜了该盘。在决胜局一格中，填写双方运动员姓名的首写字母或单位，决胜局的记分要用数字表示即（0，1，2，3，4，…）。

以后各盘的记分方法同上，比赛结束应将获胜方及局数比填写好，决胜局的比分应填入括号内。

最后主裁判签字核对比分后，送交裁判长。

（二）网球竞赛常用术语

球网——通过中场所装置的网子。

网柱——木制或金属制的一种垂直支撑球网的柱子。

布带——从地面连接到网顶的粗帆布带子。

端线——在球场两端所画的线。

边线——在球场两边所画的线，它是比赛场地的边缘标志。

发球线——距球网两侧6.40米所画的线，它是发球区的界线。

发球中线——该线将发球区划为两半，单独划为左和右两个发球区。

中点——将端线划分为两等分的标志，它是限定发球位置的界线。

发球边线——在左、右两侧形成发球区界限的线，单打的发球边线也是单打场地的边线。

单打支柱——单打比赛用的是双打场地和双打球网时，该木制支柱是被用作表示限定单打场地用的。

抛球——发球时的向上抛球，使球进入比赛。

发球——使球进入比赛的动作。

发球员——发球的运动员。

接球员——接发球的运动员。

抽签选择发球权——转动球拍或抛掷硬币，选择发球或方位。

失误——发过去的球没有落到规定的发球区内，或未按发球规则发球。

脚误——在发球前或发球过程中，由于发球员站位或脚步移动而违犯发球规则。

截击——除发球动作外，在球落地之前击球。

球拍——击球所使用的工具。

重发球——发球时球擦网落到发球区内，不计发球次数而重新发球。

分——最小的计算单位。

击球犯规——连击两次、在球尚未越过球网之前触球、运动员触网、在活球期内球触及运动员或运动员将其佩戴的任何物品落入对方场区。

两跳——运动员在球第一次弹起后未击到球。

击球——用球拍做击球的动作。

场地固定物——指裁判员、司线员和观众的座椅、拾球员（在其各自的岗位上），球网支柱，端线和边线外障碍物和场外的其他物体。

活球期——从发出球后直到比赛有一方得分的这段时间，称为一个活球期。

（三）裁判长的职责

裁判长应由竞赛委员会推选，裁判长的名字应由竞赛委员会发布公告通知参加比赛的各单位。裁判长不应是官员，他是竞赛委员会的成员。

裁判长必须精通规则和实施运用规则，要能迅速做出决定，并对其所采取的行动负完全责任。

裁判长有权指定或更换裁判员、司线员、端线裁判员和网上裁判员。

如果一场未进行完的比赛需要重赛，裁判长可以在征得比赛双方的同意后，做出仲裁或继续比赛的决定。

裁判长有权指定比赛的场地，有权决定请假运动员在限定日期比赛。裁判长有权决定无故不出场比赛的运动员和经过点名而不准备出场比赛的运动员为负方。

由于天黑或是场地、气候等条件的原因，裁判长可以随时决定延期比赛。

当裁判员表示自己不能裁决时，或当裁判长被要求对裁判员的裁决做出仲裁时，裁判长可以根据规则条文决定任何得分。裁判长的决定是终决。当一场重要比赛在进行时，当决赛在进行时，裁判长必须亲临现场，最好是坐在裁判椅旁边。他应当与比赛中发生的任何事情保持密切联系，如果运动员要求明确某些事实，这时他就能以此作为判决问题的依据。裁判长无权纠正裁判员、司线员、端线裁判员或网上裁判员根据实际情况做出的判决。

竞委会应在现场维护比赛的正常秩序，并对比赛中发生的任何问题做出决定，为此目的可以召集裁判长或任何两个竞委会成员开会，当开这样的会时，在听取当事运动员申诉后，可以取消竞委会某一成员或某一裁判员对处分的决定。竞委会几个成员在现场可组成一个合乎法定人数的审议小组。

（四）主裁判员职责

（1）比赛开始前检查球网和支柱的高度是否合乎标准。如果运动员提出请求，裁判员可以在比赛期间测量和调整网高。

（2）宣报"发球失误、重发球、出界、击球犯规、脚误和两跳"，以及除授权给司线员、脚下犯规裁判员和网上裁判以外的判罚。亦可重复其判决。需要注意的是，击球犯规或两跳只能由主裁判来判罚。

（3）先在记分表上登记胜方的得分，然后在运动员请求报分时亦可报分。

（4）每一局和每一盘比赛结束应报局数分和盘数分，或运动员请求报局数分和盘数分时亦可报分，并登记在记录表上。

（5）当运动员在对打过程中请求对某一个疑难球表明是否是在"赛期"之内时，裁判员可以说"好球"；当这个球明显地足以判定是好球，直到裁判员已宣判"出界""失误""重发球""双跳""击球犯规"或"穿孔球"时，运动员不应再作这样的要求。

（6）如果运动员对司线员的判决有怀疑或有争执，则裁判员应做出得分的判决；如果运动员向裁判员提出申诉，则裁判员应按规则规定做出得分判决。裁判员应根据裁判长和竞赛委员会关于网球规定的指示使用新球，在特殊情况下需用新球或需要更换球时，在得到裁判长同意后，裁判员可做出决定。

（7）认为休息时间已结束，裁判员应立即恢复比赛。

（8）裁判员在每局比赛开始时，应说明可能发生影响比赛的情况。

（9）裁判员在比赛结束时应填写记分表，将其送交竞委会有关人员批准并保存。需要注意的是，裁判员不应忽略上述职责的任何部分，不应使自己所宣判的分、局和比赛无效。

如果对司线员或脚误裁判员的判决有异议，则裁判员根据每一个实际问题做出的判决，即为最后的判决。运动员不得请求复议。如果裁判员对该分的判决有怀疑，或某一方运动员对该分的判决提出问题，裁判员认为有必要的话，可请裁判长对该问题做出最后决定。所提的问题应是与该场比赛有关的问题，应是在比赛中发生的，有关属于解释和运用规则的实际问题。

比赛运动员可以向裁判长请求更换担任其该场比赛的裁判员或司线员。

主裁判不能命令更换任何司线员，他只能在得到裁判长的同意下采取某些行动。

当裁判员检查球网高度时，他所担负的裁判职责就算开始了。这项工作就是裁判员到达球场时规定的第一项职责。

从宣布比赛开始，裁判员有权处理运动员的病情事故。在宣布比赛开始之前，某一运动员出现病情，则裁判员无权处理，他必须报告裁判长并请其做出决定。

当运动员做准备活动时，裁判员要环视一下赛场周围，看一看担任该场裁判的其他成员是否就位，如果发现有人缺席，应立即向裁判长或裁判委员会报告。如需要的话，可暂停比赛。

第三章　保龄球运动

第一节　保龄球的基本概述

保龄球运动有着悠久的历史，是一项集娱乐性、健身性为一体的运动项目，并以其自身的独特魅力，吸引着越来越多的人参与其中。它能使人们活跃身心、健身强体，还能充实人们的业余文化生活，营造文明社会的氛围。

保龄球运动是一种在木板道上用滚球撞击前方球瓶柱的室内运动，所以过去又被称为"地滚球"。

一、保龄球的起源

英国伦敦大学名誉教授佛林达斯·佩德里爵士在发掘埃及古墓遗址时，发现了很像保龄球的石瓶和石球。据此判断，在距今7200年前就有了类似保龄球的活动。

保龄球运动最初是起源于宗教而不是运动。后来，德国将其作为一种娱乐方式，并渐渐流传到法国、英国和荷兰等国。

13世纪，英国流行的草坪滚球就是保龄球的一种形式。那时使用的是九瓶制，球瓶菱形排列。由于当时赌博成风，保龄球也被人们作为一种赌博工具而失去了运动意义。

18 世纪，美国人在九瓶的基础上增加了一瓶，形成了十瓶制，球瓶三角形排列。至此，保龄球被列为一项体育运动项目，受到了广大爱好者的欢迎，成为一项高雅的室内体育运动。

二、保龄球的发展

1875 年美国成立了世界上第一个保龄球协会。1916 年美国女子保龄球协会（WABC）和青少年保龄球协会（YABC）成立。随着这些组织的建立，保龄球运动得到了初步发展。

1952 年，国际保龄球联合会成立，总部设在芬兰。国际保龄球联合会统一了保龄球运动的场地及规则，并在世界范围内推广保龄球运动，举办各种国际比赛。

世界保龄球联合会将世界划分为美洲、欧洲、亚洲三大区，每年在不同的国家和地区举办一次世界杯赛，每 2 年举办一次区域大赛，每 4 年举办一次世界大赛。此外，国际保龄球联合会还举办世界女子锦标赛和青少年锦标赛。

第一次正式的国际比赛于 1954 年在联合会总部芬兰举行。1963 年 7 月，第 1 届世界锦标赛举行；1964 年 11 月，第 1 届世界杯赛举行；1968 年，首届亚洲锦标赛举行。

在 1988 年的汉城奥运会上，保龄球被作为表演项目。在 1992 年第 25 届的巴塞罗那奥运会上，保龄球被列为正式比赛项目。

中国的保龄球运动在改革开放后，也逐渐发展起来。1985 年 3 月，国家体委在北京民族文化宫举办了首届全国保龄球邀请赛。1987 年，保龄球被列为"六运会"表演项目。

三、保龄球的特点与价值

保龄球具有娱乐性、趣味性、抗争性和技巧性，给人以身体和意志的锻炼。由于它是室内活动，不受时间、气候等外界条件的影响，也不受年龄的限制，易学易打，在世界各地得到了飞速发展。

保龄球项目通过历史的发展与演变，无论在规则还是打法上都有了长足的进步，总体概括来说有如下特点。

（一）群众性、普及性

保龄球是非常轻松的室内运动项目，不受时间、气候、天气等外界条件的影响，适合不同地区的广大青少年参加。

由于保龄球运动负荷不大，所以练习者可以根据自己的年龄、性别、身体条件、运动水平等实际情况进行活动。保龄球运动的比赛规则简单，较其他运动更易入门，而且活动起来也不易受伤，简便安全，易于开展。

（二）娱乐性

保龄球运动具有很强的娱乐性，即使是一个人单独玩也能自得其乐。因此，保龄球场已成为假日休闲娱乐活动的最佳场所之一。

（三）竞赛性、观赏性

保龄球运动具有自身的规则和评判标准，无论是专业运动员之间进行的高水平比赛还是大众健身娱乐，都有很强的竞赛性和观赏性。它通过打分的高低，使得比赛异常激烈和刺激，深受广大参与者的喜爱。

（四）高度的控制感觉

保龄球运动要求高度的控制感觉，即在不平衡中寻找平衡的感觉，在变化中掌握不变化的节奏，在稳定的同时要变化线路，在实现自我的同时不断转换攻防的心态。

（五）需要良好的心理素质

保龄球是一项融技巧与智慧于一体的运动。它要求球员在神经系统高度紧张的情况下，身体机能又要相对活跃、灵活，这就需要良好的心理素质。在技术实力相当的情况下，比赛胜负在很大程度上取决于球员情绪和心理的稳定程度。

保龄球的价值：青少年经常参加保龄球运动，有利于身体健康，陶冶情操，在享受比赛过程中，不断地锻炼自己的各项综合素质。

从社会学角度来说，保龄球运动是一项具有广泛群众基础的体育项目，保龄球竞赛和保龄球活动过程中充满了教育因素，对提高参与者的素质、活跃社会文化生活、促进世界各国的文化交流，都有一定的意义。

第二节　保龄球的场地和器材

保龄球场地是开展保龄球活动的必备条件，也是初学保龄球的人需要了解的内容，本节主要介绍保龄球场地的规格、设施及要求。

一、保龄球场地的规格

（1）球道长 19.15 米，宽 1.04～1.07 米。

（2）在离犯规线约 4.57 米范围内，有 7 个目标箭头。

（3）竖瓶区（瓶舌）从 1 号球瓶中心线到底部为 0.86 米，10 个瓶位间隔距离各为 0.3048 米，呈正三角形排列。

二、保龄球场地的设施

（一）球道

一般由 39 块或 41 块木板拼接而成，一般运动员在投出球后，按照规则规定，都要经过球道到达最终打击目标，也就是到达瓶台区。

（二）助跑道

球道与记分装置之间有段辅助球道，又称助跑区，作为球员持球及助跑掷球的区域。

球道和辅助球道之间有条掷球线，又称犯规线。球员在经过4步或3步、5步跑后，在未到犯规线之前应将球掷入球道，否则视作犯规。

（三）瓶台

保龄球的瓶台用来置放最终的打击目标——球瓶，瓶台上方配备有全自动置瓶机器装备。

三、保龄球场地的要求

（1）现代化的保龄球场都要装备有记分操纵台，用来控制球的传送机、计算机计分及显示和自动选瓶装置，一个操纵台同时控制两条球道。

（2）保龄球场地中其他附加设备还要有助跑道后面的座位、球架以及座位上方的显示装置，另外还有清洁打磨机和上油机等。

（3）发球区和竖瓶区用加拿大枫木板拼接而成，其余用松木条拼成。

四、保龄球的器材及装备

保龄球运动是一项室内运动，对于从事这个项目的人来说，良好的运动环境、优良的器材条件，是打好保龄球的前提。本部分主要介绍一下保龄球这项运动所需要的器材。

（一）球瓶

球瓶的规格为：①高度 38.85 厘米；②底部直径约 6 厘米；③腹部最大直径约为 12.1 厘米；④球瓶的平衡重心点不得高过约 12.38 厘米，不得低于 18.52 厘米；⑤球瓶重量不得少于 1.72 千克，不得超过 1.98 千克；⑥球瓶底部配上强化塑胶圈。

（二）材质

球瓶一般选用上等枫木为主要材料，经钻孔、黏合、打磨定型和喷涂等特殊工艺加工制成。

（三）要求

（1）每条球道一般都有两组球瓶，每组各 10 个；

（2）正式比赛用球瓶上一般画上商标及 FIQ（国际保龄球联合会）所认可的图案。

（四）保龄球

1. 规格
（1）标准的保龄球的直径为 21.8 厘米，圆周不大于 68.5 厘米。
（2）球的重量从 2.72 千克到 7.26 千克不等，共计有 11 种规格。

2. 构造
（1）保龄球一般由球核、重量堡垒和外壳三部分组成。
（2）球核是确保标准重量的塑胶填充物。
（3）重量堡垒是重质塑胶粒子合成体，形状多样，如方块状、饼状、杯状等，其主要作用是保证球钻孔后有一个重量补偿，并产生不平衡重量。
（4）外壳一般由氯丁纤维胶树脂构成。

保龄球是一项高雅的运动项目，它不同于其他传统的竞技体育项目，在运动装备方面也比较独特。

（五）服装

男球员一般可以穿 T 恤和运动长裤；女球员可穿短袖衫、短裙或长运动裤。

（六）鞋

（1）鞋的要求无硬性规定，但以软质橡胶底的球鞋为佳，鞋底不得钉钉。

（2）鞋子的大小必须适宜，鞋带的绑扎不得过紧或过松。

（七）护具

（1）护腕。由于保龄球参与者在进行此项运动时，手腕动作相当关键，而且出于保护目的，应该佩戴护腕。

（2）贴胶。由于运动员运动量的不同，加之手指粗细不同，因此可以准备一些贴胶，以适合不同指孔。

第三节　保龄球的基本技术

保龄球是将球拿起、再投出的极简单的运动。但这只是非常肤浅的表面现象。它貌似简单、单纯，实际却有较高的难度，只要稍微破坏了身体平衡，就会投出坏球。

不经过专家的指导，无论怎样的刻苦练习，甚至打了千局以上，也还是难以稳定地打出 180 分的有效成绩。所以掌握保龄球的运动原理，从基础开始进行正规的训练，才是提高保龄球水平的必经之路。

节奏、平衡、协调，这是投好保龄球的三个基础条件。从站在起步线上持球开始，到保龄球出手，手扬过头收式结束；始终要求动作连贯，身体平衡，手脚协调。反之，动作断断续续，身体歪歪斜斜，手脚互相干扰，则根本不可能投出好的球。

保龄球还要求心神合一，全神贯注，切忌浮躁。

在本技法篇中所有技术动作讲解均是以右手持球为准。

一、七个连续动作

要正确地投出保龄球，就要了解投球的七个连续动作组成。下面以最常用的四步走法，右手投球为例，进行讲解。

1. 持球准备

站在已经选好的起步位置，心平气静地用双手将保龄球持于胸部，投球的右手为主托力，平衡的左手为辅助力。

2. 伸出

向前迈出第一步右脚，同时双手持球向前，自然伸出。右脚落地时，双手持球伸展到最前方。

3. 下落

第二步左脚向前迈出，此时双臂已伸展到最大限度，受地心重力的影响，球自由地开始下落。下落的同时，左手自动撤出，由原先的双手托球，变为右手单手抓球、左脚落地时，保龄球应正好下落到与身体纵轴成一条直线处，也就是最低点处。

4. 后摆

第三步右脚向前迈出，球像钟摆一样地向后扬起。后摆的关键是不可过高，过高会造成出球不稳。过低又会造成出球无力。正确的姿势是将球摆到和肩部一样高。在后摆达到最高点时，右脚正好落地。同时身体稍向前倾斜。

5. 回摆

第四步左脚向前迈出，此时保龄球在后扬到自然的最高点后，也正在变成反弹，迅速地向前摆动。这一步的时间最为短暂，仅有0.5秒。在左脚落地的同时，右手摆动保龄球正好运动到左脚的踝骨处，有一个同时手脚的稳定过渡期，一起进行滑步。

6. 出手

第四步落地后继续滑行半步，在此途中球在出手点处低位出手。各种的投球方法，各种的出手姿势，都是在这一瞬间决定和完成。

7. 收势

滑步停止，保龄球投出，此时动作决不可骤然停止，右手应继续按出球时的姿势上扬，直至过头后再停止。完整的收势，对于球轨非常重要，收势不完整，完全可以引起一块板以上的偏差，造成脱靶的后果。

二、起步位置

投保龄球必须使用助走方法，助走有三步投球法、四步投球法和五步投球法，每个人在投球前，必须要先确定自己使用几步的保龄球投法，然后再决定起步位置。

最常用的四步助走法的起步位置是：背向投球线，用比平常稍微大一些的步伐走四步半（这半步是滑行的距离）。

五步投球法也就是背向犯规线迈五步半，依此类推。以上是决定起步位置的远近站位。

优秀的选手，都是在接近犯规线的地点投出保龄球，因为离犯规线越近，离保龄瓶的距离也就越近，所以也就越容易出好成绩，但决不可犯规。无论身体的任何一部分，只要越过了犯规线，都会亮起红灯。

然后，就需要决定起步位置的左右站位。

左右站位是用右脚尖比照助走席上的 7 个辅助圆点来决定，一般是根据你的球轨需走第几号瞄准箭头来考虑，因为投曲线球和投直线球不同，胖人和瘦人也不同，所以需自己认真找寻。

总之，初学者与职业选手，往助走线上一站，马上就显示出很大的区别。初学者对于站在哪里，基本上是持漠不关心的态度，因为初学者的球轨，手形是很不固定的。

一般而言，站位的错误，只能导致 1~2 块板的差异，而出手的错误，则会产生 3~5 块板的差异，初学者当然要照顾大的一头了。

可是对于职业选手来说，他们的球轨和出手手形已是相当的固定，他们不可能也不允许出现 3 块板以上的偏差。这样，起步站位就变成了他们的重点课题。每次投球前，他们都会针对球道的油性，残留瓶的排列位置，而仔细地、细微地调整起步位置，一般都要进行一块板左右的移位精细调整。

在第一次，也就是首次投球时，人们都以 1 号瓶为瞄准目标，从前国际上惯用的是曲线球式的投法，现在我国台湾选手多爱用飞碟式投法。无论是曲线式还是飞碟式，瞄准的都不是 1 号瓶的正面。

正击中 1 号瓶的正面，会造成 7 号瓶、10 号瓶的残留。最好的打击位置是 1 号瓶与 3 号瓶之间的黄金档。

在第二次投球打残留瓶时，将根据残留瓶的分布位置，重新左右移动，调整起步位置。

三、持球方法

实际上，投保龄球前，最需要知道的是起步位置和持球姿势。对于初学者是这样，甚至对于中级者也是非常现实的课题和难题。

在准备投保龄球时，球要放在腰的上部，身体中心线靠右的位置。用两手托住保龄球的下部，球尽量靠近身体，两臂肘部支撑在腰部，头、两肩、腰部要直对着目标。特别是两肩要放松，要保持平衡。

四、摆动

投保龄球的过程，是一个渐渐加快的摆动过程。

摆动是物理上的专用名词。

它的定义是，一个重物，由线或绳系在一个固定的支点上，被一定的力所推动，由此而产生的往复循回运动。

在保龄球中，肩是固定的支点，手臂是绳，保龄球是重物。

持球起步后，球向前伸，然后自然落下，摆动就开始形成。到达身体后方一定的高度，摆动失去了动力，就自然改变方向，而改向前方回摆。

在再次到达前方时，保龄球在低位出手线处与手臂脱离，依靠摆动所给予的动力，向目标保龄瓶迅速滚动。所以保龄球最重要的是顺其自然，协调有节奏。而不是加力发力，快滚猛撞。

五、摆动与助走的关系

利用手臂摆动，可轻松地投出保龄球，但谁也不会一动不动地站着，光靠胳膊的摆动投球。有威力的投球，必须在摆动中加入助走。保龄球就是一种摆动和助走的完美的结合。胳膊再有劲，也不如向前迈几步，由助走产生的威力大。

投保龄球讲究的是顺势而动。这个势不是助走与摆动。顺势就是不要任何的外力，任何的加力。走是普普通通的走，摆是轻轻松松的摆。直线投球是顺势而出（高级投法除外，要手腕加力），看优秀选手投保龄球是一种视觉的享受，他们就像一匹骏马，悄然起步加速，又骤然昂首停止，步幅在开始时由小步到大步，摆动也是由慢速到快速，助走的摆动关系是唇齿相依，息息相关，它们是相互影响，协调进行。

第四节　保龄球的竞赛规则

保龄球运动是一项在室内进行的高雅的体育项目，和其他运动一样，这项运动有其自身严格的程序。

一、参赛办法

（1）第一局比赛应在相互毗邻的一对球道进行，参加队际赛、三人赛、双人赛、单人赛的运动员应连续按顺序在一条球道上投完一格球后换到另一球道上投下一格球。直到在这对球道的每条球道上各投完五格球。

（2）一名或数名运动员可在一对球道上进行比赛，在一节比赛开始后，即不得改变这节比赛的阵容和投球顺序。

（3）在比赛进行过程中，如某一球道因设备发生故障而耽误正常比赛按计划进行时，执行裁判可允许运动员在另外一对球道上继续完成比赛。

二、比赛办法

一局十瓶制的比赛由 10 格组成。如果没有任何全中，每名运动员可以在前 9 格的每一格中投两个球。在第十格投出全中或补中时，每个运动员可以投 3 个球。每名运动员必须以正常顺序投完每一格。

三、裁判

学习和了解裁判方法，对于我们掌握裁判员的判罚尺度，提高比赛成绩，合理有效地运用规则会有很大的帮助。

（一）裁判员

保龄球的裁判主要是依靠竞赛委员会所允许采用的并且由世界十瓶保联确认的自动犯规监测装置。

如比赛场地没有自动犯规监测装置或该装置暂时坏了，就应设犯规线裁判员。他必须在没有阻挡其视线的情况下，看清犯规线。

（二）规则

1. 合法击倒球瓶

下列情况认为是合法击倒的球瓶：

（1）被球和其他球瓶直接击倒或击出放在球瓶台上的球瓶。

（2）被从两侧边墙隔板或球道后部缓冲板反弹回来的球瓶所击倒或击出放球瓶台之球瓶，均作为击倒之球瓶计算。

（3）在清扫球瓶前被扫瓶器横杆反弹回来的球瓶所击倒或击出放球瓶台之球瓶。

（4）斜靠在边墙隔板上之球瓶。

2. 不合法击倒球瓶

在下列几种情况中，投出的球有效，但被击倒之球瓶不予记分：

（1）当球在到达球瓶前脱离球道，然后才击倒的球瓶。

（2）投出的球从后部缓冲板反弹回来击倒球瓶。

（3）当球瓶接触摆瓶员身体的任何部位反弹回来击倒的球瓶。

（4）被自动摆瓶器碰倒的球瓶。

（5）在清除倒瓶时被碰倒的球瓶。

（6）被摆瓶员碰倒的球瓶。

（7）运动员犯规后击倒的球瓶。

（8）投球后在球道和边沟里出现倒球瓶，应恢复原位，运动员有权在该格选另一个球。

3. 位置不正确的球瓶

当运动员在 10 个球瓶被全部放置的情况下投球或投补中球时，如果球已投出，即使立刻发现有一个或多个球瓶的位置排列不当，但没缺球瓶时，该投球和其得分应被计算。

决定球瓶之位置排列是否正确，责任在运动员。应在没投球前，指出那些位置不正确的球瓶，否则就被认为对球瓶的排列表示满意。

在一次投球后，未倒之球瓶的位置不得变动，即被自动摆瓶器移动或错误放置的球瓶必须保留在被移动后错误放置的位置上，而不得人为地加以改动。

4. 弹回的球瓶

被击出球道后，反弹回来并竖立在球道上的球瓶，视为竖立的球瓶。

5. 不被承认的倒瓶

除运动员以合法的投球所击倒或击出球道的球瓶外，其他所有被击倒之球瓶均不予承认。

6. 球瓶的更换

在比赛中球瓶如被击坏或严重损伤，应立即更换一个尽可能和当时使用的重量相等、形状相同的球瓶。应由执行裁判决定球瓶是否放回原处。

7. 死球

当死球发生后，其得分不予记录，球瓶必须重新放置，运动员重新投球。如发生下列情况之一，所投之球为死球：

（1）在一次投球后（在同一球道下次投球前），立刻发现所摆的球瓶缺少一个或数个。

（2）在球未接触到球瓶前，摆瓶员干扰了任何球瓶。

（3）在球瓶停止撞击之前，摆瓶员移动或干扰了任何剩下的球瓶。

（4）一名运动员在错误球道投球或没有按顺序投球时，或某队的一名运动员在一对球道的错误球道上投球。

（5）当运动员已开始投球，但投球动作尚未完成之前，其身体受到其他运动员、观众或运动物体的干扰时，必须选择是接受此球将要击倒的球瓶之结果，还是宣布为死球。

（6）运动员投出之球，未接触球瓶之前，球瓶发生移动或倾倒。

（7）运动员投出的球接触任何障碍。

8. 球道使用错误

当以下情况发生时，应视为死球。运动员可以要求在正确的球道上重新投球：

（1）一名运动员投错球道。

（2）各队的一名运动员在一对球道上投错球道，分以下两种情况：

①当同队一名以上的运动员已经在错误的球道上投球时，这一局比赛就需要更正球道，可以在此球道上继续完成该局比赛，但下一局的比赛必须在规定的正确球道上进行。

②在个人对抗赛中，运动员每次投两格球，并交换球道。当发现运动员投错球道时，该球为死球，要求这名运动员回到正确的球道上重投；如对方运动员已投球后才发现这一错误，则该运动员的得分应予以记录，但以后应在正确的球道上投球。

9. 临时性投球

当对犯规、被击倒之球瓶或是死球提出争议，而执行裁判无法立即解决时，必须让该运动员投临时性的一个球或一格球，以供裁决时用。

10. 个人专用球

保龄球应该是个人专用的，除非该球拥有者同意，其他运动员不得使用该球。

11. 改变球的表面状态

在获批准的比赛中，禁止使用磨料来改变保龄球的表面状态。凡采用此法改变了表面状态的球均不得在比赛中继续使用。

12. 必须保持助跑道的完好

（1）禁止使用因运动员的正常活动可能造成助跑道表面任何部分损伤的物品，例如滑石粉、硅石、松香等物品。

（2）禁止使用软橡胶鞋底或带有橡胶后跟的鞋。

（3）禁止将任何粉末带入运动员比赛区域。

13. 对记分错误的抗议

在比赛中出现的记分错误或计算方面的错误，必须由记分员或比赛执行裁判立即予以纠正。对有疑问的错误应由竞赛委员会决定处理。

对于记分上的错误所提出的抗议，其期限是从这个项目结束后或当天的这一节比赛结束后的 1 小时之内，但必须在颁奖典礼或下一项比赛开始之前（取决于哪个时间在前）。

14. 对参赛资格及竞赛规则提出抗议

对参赛资格或对竞赛规则提出抗议，必须以书面形式在发生犯规的这局比赛后 24 小时内，或在发奖前（取决于哪个时间在前），提交给比赛执行裁判。对犯规或合理击倒球瓶提出抗议，该协会代表应向执行裁判提交有关的证据。如在上述期限内没有提交书面抗议，则比赛结果就被认可。

每场赛事都应有正式记分员或自动记分装置记录所有比赛成绩。如犯规未被记分员记上，运动员又佯称未看记分表，应在执行裁判员的监督下将分数改过来。一局比赛中，分数没有累计，执行裁判对该运动员原有的成绩应予确认。

每局被批准的比赛必须在记分表上详细填写每一次投球所击倒的球瓶数，以便于每格均可核实查对。每名运动员或队长应在每局比赛后立即在记分表上签名确认成绩，之后收到一张记分表的副本。

除了分数的计算有明显的错误外，成绩一经记录不得更改。一旦发现明显的错误，执行裁判应立即改正。可疑的错误交竞赛主任处理，竞赛主任将按照规则，在限定的时间内将错误改正。

一局比赛进行中出现漏记分数，在符合竞赛规则的情况下，经竞赛主任批准可以重投。

15. 运动员迟到

运动员或运动队在比赛时迟到，应在所分配的球道上按当时正进行比赛的那一格开始比赛，并记录得分。

如单独被分配一球道，应从该场比赛已进行的各球道中格数最少的一格开始记录其得分。

（三）评分

除全中的记分外，运动员投出的第一个球击倒的球瓶数记在上方左边的小方格内。运动员投出的第二个球击倒的球瓶数记在上方右边的小方格内。如第二次投球未击中任何一个剩余的球瓶，用"—"符号记在记分表上。一格内两次投球后，应立即将分数记录下来。

1. 全中

当每一格的第一次投球击倒全部竖立的 10 个球瓶时，称为全中，用"×"符号记录在记分表上该格上方左边的小方格中。全中的记分是 10 分加该运动员下两次投球击倒的球瓶数。

2. 两次全中

连续两个全中就称两次全中，第一次全中的记分为 20 分再加上随后第一球所击倒的球瓶数。

3. 三次全中

连续 3 个全中称为三次全中，第一次全中那格的记分是 30 分。一局的最高分是 300 分，运动员必须连续投出 12 个全中。

4. 补中

当第二次投球击倒该格第一球余下的全部球瓶，称为补中，用"/"符号表示，记录在该格右上角的小方格内。补中的记分是 10 分加运动员下一个球击倒的球瓶数。

5. 失误

除第一次投球后形成分球瓶外，当运动员在某格两次投球后，未能将 10 个球瓶全部击倒，即为失误。

6. 分球瓶（技术球）

分球瓶是指在第一球投出后，把 1 号球瓶及其他几个球瓶击倒，剩下的球瓶呈下列状态：

两个或两个以上的球瓶，它们之间至少有 1 个球瓶被击倒时，如 7 号球瓶和 9 号球瓶、3 号球瓶和 10 号球瓶。

两个或两个以上的球瓶，紧接在它们前面的球瓶至少有 1 个被击倒时。如 5 号球瓶和 6 号球瓶，分球瓶在记分表上用"S"符号表示。

7. 犯规的记录

运动员的犯规应记录在记分栏中，但击倒之球瓶不记录。应将被其击倒的球瓶重新排列，犯规运动员可以在该格再投一球。犯规在记分表上用"F"符号表示。

（四）犯规

在投球时或投球后，运动员的部分身体触及或超越了犯规线，以及接触了球道的任何部分和其设备建筑时，即为犯规。该次犯规的时效直到该名运动员或下一名运动员投球为止。

1. 故意犯规

当运动员借助于被判犯规以获得好处而故意犯规时，该运动员的这次得分为零分，同时不允许在该格再次投球。

2. 明显犯规

如果一个明显的犯规未被自动犯规监测装置或犯规线裁判员发现，但为以下人员认定，仍应宣布并记录为犯规：

（1）双方队长或双方一名以上运动员。

（2）记分员。

（3）一名执行裁判员。

3. 对犯规提出申诉

除了以下情况，不允许对犯规提出申诉：

（1）证明自动犯规监测装置不能正常工作。

（2）对比赛之运动员未犯规提出强有力的证据。

第四章 台球运动

本章详细地介绍了台球运动的概况、基本技术及其应用，并着重介绍了斯诺克台球、16 彩球台球的基本玩法与技巧。根据台球运动的技术特点和技术运用的要求，阐述了台球运动的基本技术教学步骤与练习方法。

第一节 台球运动的概述及价值

台球也称桌球、弹子球，14～15 世纪起源于欧洲。在台球桌出现以前，它是人们在户外的地上玩的一种被称为滚球的游戏，后来这种游戏被人们移到室内的台桌上，于是滚球游戏变成了室内的桌上游戏。最早的台球游戏，桌面上只有两个球，传到法国后，加入了一个红球，不久桌面上又被人们开了几个洞，于是这种游戏的趣味性大增，很快在欧洲流行起来。在英国维多利亚时代，台球作为一项宫廷的娱乐活动进入上流社会。在法国路易十四时期，台球活动蔚然成风，很受社会名流推崇。在美国林肯时代，各种娱乐场所都设有台球室，美国人对台球更是情有独钟，以至于后来发明了一种美式台球——16 彩球台球。

20 世纪初，台球游戏逐渐演变成竞技运动项目，不同国家和地区相继成立了世界台球联盟，负责国际性台球比赛活动。台球种类很多，就地区而言，可分为三大类：英式台球、法式台球、美式台球。英式台球属于落袋式台球，法式台球属于传统的撞击式台球。以所用球的数量来分，又有 3 球台球、4 球台球、16 彩球台球、22 彩球台球等。以台球的击球技巧来分，又有斯诺克台球（Snooker）、8 号球、轮换球等。因此，世界上也成立了不同的台球运动管理机构：世界美式台球协会、国际台球联合会、世界台球联盟。为了促进该运动项目更加蓬勃地发展，使之早日进军奥运会，1990 年，经协商，三个世界性台球运动管理机构组成了统一的世界台球运动联盟。1998 年，国际奥委会正式承认世界台球运动联盟，促进了世界台球运动的发展。

台球运动是一项高雅、文明、健康的体育活动，随着现代生活节奏的加快，它已成为大众化的休闲运动。由于其占场地小、不受天气和时间等因素的影响，既能强身健体，又能益智和陶冶情操，并且组织和活动形式多样，被人们称为大众化了的"绅士运动"。

我国台球运动具有很广泛的群众基础。中国台球协会于 1986 年成立，目前全国有 5 万多家台球馆。我国在 1989～1992 年连续几年邀请世界台球名手到我国表演，1993 年在北京举办了第 1 届亚洲台球锦标赛，1998 年举办了世界台球锦标赛。北京体育大学率先开设了台球课程。这些在一定程度上推动了我国台球运动的发展。

第二节　台球运动的场地和设施

台球运动的基本设施主要由球台、球杆、球、杆架、涩粉块、场地、灯光等组成。

1. 球台

球台是用优质木料及辅料制成的矩形框。球台规格依不同玩法而异，常用的规格是 210 厘米 × 105 厘米和 254 厘米 × 127 厘米两种，无论哪一种规格，长与宽的比例都是 2∶1。球台的高度一般是 80 厘米，台面用高级呢绒铺平，国际上有落袋式与无孔式球台之分。根据运动员的站位来对球台命名。图 2 - 4 - 1 所示的是长 254 厘米、宽 127 厘米的球台平面图。

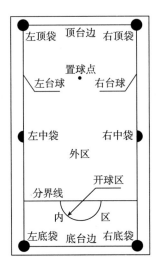

图 2 - 4 - 1　台球球台平面图

2. 球杆

球杆是前细后粗、笔直、长度在 130～150 厘米之间用优质木材做成的长杆，杆头直径在 10 毫米左右（如图 2 - 4 - 2 所示）。

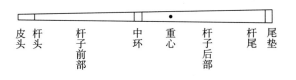

图 2 - 4 - 2　球杆

3. 球

台球运动的球是用硬质材料制成的质地均匀的球体，也有用象牙做成的豪华球。台球的玩法不同，对球的大小、重量要求也不同，在规则中有明确规定。

4. 杆架

杆架是用来支撑球杆击球的辅助工具。常用的杆架有十字式和多槽式两种，也有长短之分。

5. 涩粉块

涩粉块是为防止击球打滑，增加球杆皮头与球的摩擦力而特制的。

6. 场地与灯光

台球运动的场地要平坦、干净、无灰尘，球台周围有 2 米左右空间余地，一张球台需要有 300 瓦的灯光。

第三节　台球的基本技术

一、台球的基本介绍

（一）握杆方法和身体姿势

1. 握杆方法

握杆之前，要选择适合自己的球杆。正确的握法是（以右手为例）：拇指和食指在虎口处用轻力握住球杆，其余三个手指虚握，既要握牢球杆，不使球杆滑动，又要使手处于松弛状态。握杆时手腕要自然垂下，既不要外翻，也不要内收。

2. 握杆位置

握杆的位置对击球效果有直接影响，最佳的握杆位置由三个因素决定：一是球杆的重心位置，二是击球力量，三是被击主球的位置。显然，球杆的重心是关键性因素，找到球杆的重心，握杆的最佳位置也就可以确定了：一般是在离重心向杆尾一端的 6～9 厘米处。当然，击球时握杆的位置可以根据具体情况偏前或偏后些。

3. 身体姿势

身体姿势与击球效果密切相关。击球时，身体要面向所击的主球与目标球。如右手握杆，站立时是左脚在前，右脚稍后一点，两脚之间形成八字，也可以站成丁字，两脚开立应与肩齐宽，使身体平衡。击球时要全身放松，身体向前俯，重心压在脚上，而不能压在手上，头部与球杆在一条线上，双眼保持水平前视。

（二）击球的技术动作

台球的击球动作包括架杆、运杆、杆触球、随势跟进四个环节。

1. 架杆

架杆就是用手给球杆一个稳定支撑。其他手姿都是在其基础上变化的。

（1）平背式：先将整个手拿放在台面上，将拇指以外的四指分开，手背稍微弓起，拇指跷起和食指的根部相贴形成一个"V"形的夹角，球杆放在"V"形夹角内。手指的弯曲和手掌向上抬起，可以调节架杆的高度（如图2－4－3所示）。

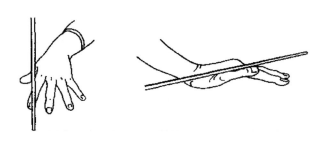

图2－4－3　平背式架杆

（2）风眼式：左手手指张开，指尖微向内弯曲，用拇指和食指扣成一个指环，并与球杆成直角，手掌和中指、无名指、小指构成稳定支撑（如图2－4－4所示）。

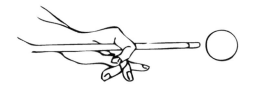

图 2 - 4 - 4　风眼式架杆

（3）特殊的架杆方法：台球比赛中，主球的位置是千变万化的，当主球靠近岸边以及主球后面有球时，都需要运用特殊的架杆方法。

①当上球贴近台边时，架杆的手需用四指压在台边［如图 2 - 4 - 5（a）所示］。

⑦当主球和台边有一定的距离时，架杆的手可以用四指紧抓住台边［如图 2 - 4 - 5（b）所示］。

②当主球后有一其他球时，架杆的手需要四指立起来，避免球杆碰到球［如图 2 - 4 - 5（c）所示］。

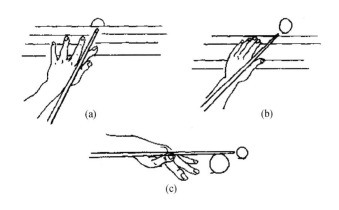

图 2 - 4 - 5　特殊的架杆方法

（4）杆架的使用：当主球停在球台中间或远离台边时，用正常的击球姿势无法击打主球，就必须使用杆架了。杆架的长短和样式各异，运用时一手持球杆的尾部，拇指在下，食指、中指在上夹住球杆，无名指、小指自然弯曲，另一手将杆架置于适当位置，整体放在台面上，用手按住以防运杆、出杆时杆架晃动。

2. 运杆

在确定击打主球的部位后，要试着做几次往返进退的运杆动作、运杆的目的是要获得击球的准确性，因此，运杆时要求身体保持稳定，持杆后摆的幅度大小取决于所需要的击球力量和杆头与主球间的距离，后摆动作要做到稳和慢，出杆前控制好杆的平稳。

3. 杆触球

杆触球是球杆在后摆、停顿后完成的动作。以肘关节为轴，前臂向前送出。击球瞬间，动作要果断、清晰，对手腕力量的使用根据击球目的加以控制。

4. 随势跟进

击球后球杆要强势跟进。该动作是为了保证击球力量充分作用在主球上和保证击球动作的协调连贯性。

（三）击球方法

1. 选择主球击球点

主球击球点是球杆撞击主球某一部位的点。如图 2 - 4 - 6 所示，主球上的击球点最基本的有 5 个，即正中点、中下点、中上点、中左点、中右点。另外，还有 4 个常用的击球点，即左上、左下、右上、右下。击球时撞击不同的点，主球可产生不同的运动效果。

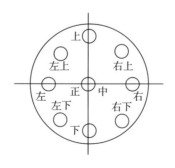

图 2 - 4 - 6 主球击球点

2. 瞄准方法

要想把目标球打入球袋，就需要有精确的瞄准。最基本的瞄准方法是：球杆、主球、目标球在同一直线上。虽然实战中情况多变，瞄准姿势多样，但基本原理不变。

3. 主球运动的特点

球杆撞击不同的击球点，主球就有不同的运动方向，依其击球点和球杆位置形成两种基本运动方向。

（1）第一种基本运动方向：当球杆按击主球的中上点、正中点、中下点时，主球运动方向与球杆中轴线一致，但其运动特征不同，表现在以下三个方面：

①速度特征。主球依其击球点不同，用同一力度撞击主球时，其速度特征表现为：击中上点的速度较快，正中点次之，中下点较慢。

②旋转特征。当球杆撞击主球的中上部时，主球随即以正上旋形式向前运动；当球杆撞击主球的正中部时，主球开始是无旋转形式向前滑行，然后以正上旋形式向前运动；当球杆撞击主球的中下部时，主球开始以无旋转形式向前做瞬间滑行后便以反下旋形式向前运动，经过一段距离后，球仍然以正上旋形式向前运动（如图2－4－7所示）。

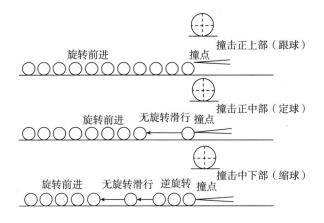

图2－4－7　主球的第一种基本运动方向

③力量特征。当用同一力度分别撞击主球的中上点、正中点和中下点时，由于击球点不同，主球的速度和旋转形式不同，主球运动时受到台面的摩擦力影响程度不同，主球撞击目标球的力量也不同。

（2）第二种基本运动方向：当球杆撞击主球的左部或右部时，主球运动方向与球杆中轴线一致，主球产生顺时针或逆时针的自身旋转向前运动（如图 2 - 4 - 8 所示）。

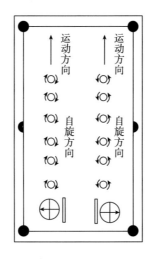

图 2 - 4 - 8　主球的第二种基本运动方向

4. 安全击球区

不同的击球点使主球产生不同的运动形式。在撞击主球除中点外的任何一点时，都可能产生滑杆，因球杆击球时，越是靠近中间部位，杆头与球的接触面就越大；反之越小，当杆头与球的接触面小到了极限以下时，就会产生滑杆。所谓安全击球区，就是以主球的正中点为中心、球半径的 6/10 为半径画圆的区域，在这个范围内击打主球是不会出现滑杆的，故把半径的 6/10 ~ 7/10 的区域称为极限圈，如图 2 - 4 - 9 中虚线范围。

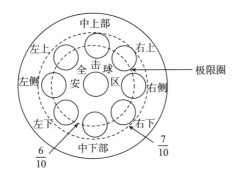

图 2 - 4 - 9　安全击球区

（四）主球与目标球

台球运动是运用球杆撞击主球，通过主球将目标球撞击入袋或通过主球撞击目标球而得分的一项运动。主球与目标球的关系简述如下。

1. 正球与偏球

正球是主球的中心击球点、目标球的撞击点和袋口的中心都在一条直线上使目标球落袋得分的击打方法。偏球是用主球撞击目标球的侧面，以达到改变主球与目标球运动路线，使目标球落袋或击球得分的击球方法。

2. 厚球与薄球

偏球击法又以偏侧的程度不同分为厚球与薄球。厚球与薄球是由撞击时主球与目标球的重叠程度来决定的，以 1/2 为分界线，重叠部分正好是 1/2 的称为半球或二分球，重叠部分多于 1/2 的称为厚球，重叠部分少于 1/2 的称为薄球，主球与目标球全部重叠的就是上述的正球（如图 2 - 4 - 10 所示）。在用偏球击法打厚球时，其瞄准点是目标球击球点向外延长一个球半径处与主球中心点纵向运动方向延长线的交点（如图 2 - 4 - 11 所示）。

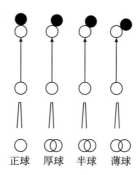

正球　　厚球　　半球　　薄球

图 2 – 4 – 10　正球与偏球

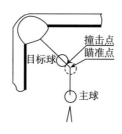

图 2 – 4 – 11　偏球击法的瞄准点

3. 主球与目标球撞击后球的运动方向和运动轨迹

击打偏球的厚薄取决于两个因素：一个是目标球的运行方向，另一个是主球与目标球的位置。主球与目标球撞击后，不管厚薄如何，主球都会偏离原来的运动方向。从理论上讲，碰撞后主球与目标球运动方向的夹角必定是 90°（如图 2 – 4 – 12 所示），但是由于台面的摩擦力、主球的旋转、球的运行目标等因素不同，主球与目标球运动方向的夹角小于 90°，是有所变化的。一般的变化规律是：

（1）当球杆撞击主球中上点时，主球产生向前的旋转，与目标球碰撞后，其运动方向的夹角小于 90°，且因厚薄程度不同而有所变化。当球杆撞击主球中下点时，主球下旋，与目标球碰撞后，其运动方向的夹角一般大于 90°。

（2）当球杆撞击主球左侧或右侧时，主球产生左旋转或右旋转。

主球与目标球碰撞后，如果撞击的是目标球的右侧，目标球为左旋球，夹角一般小于90°，若为右旋球，夹角一般大于90°；反之亦然。

在图2-4-12中的瞄准夹角因主球与目标球撞击的厚薄不同而变化。越是厚球，瞄准夹角越小；越是薄球，瞄准夹角越大。

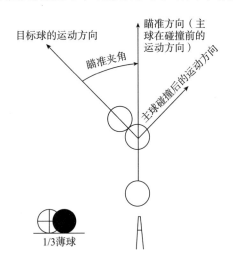

图2-4-12　撞击后球的运动方向和运动轨迹

（五）球与台边

灵活地利用球台边框的技巧，是台球技击中的基本技术。根据物理学原理，在击出的主球没有旋转的情况下，主球与台边碰撞，入射角等于反射角。但在台球技击中，由于目的不同，球杆撞击主球的击球点也不同，台边反弹球的情况也不同。

1. 击主球中心点或中上点

主球直线向前运动，碰到台边时由于台边的反作用，主球又沿原来的线路返回，返回距离与撞击主球的力量成正比。

2. 击主球中下点

当击主球的中下点时，反射角一般大于入射角。

3. 击主球左侧、右侧

当击主球的左侧时，球产生顺时针方向自旋，球碰台边后反射角小于入射角。即右旋向左偏；当击主球的右侧时，球产生逆时针方向的自旋，球碰台边后反射角大于入射角，即左旋向右偏。

4. 不同力量击球

当击主球的力量不同时，反射角也不同。重击时，主球的反射角与入射角几乎相等或稍大些；轻击时，主球的反射角小于入射角。

二、台球的基本杆法与应用

台球的击球技术方法十分丰富，其基本的杆法与应用如下：

1. 推进球技术（如图 2-4-13 所示）

（1）技术动作：握杆击球时，应保持轻松的姿势，球杆击主球的中心点或中上点，进杆的力量取决于主球与目标球的位置，并有明显旋转前进的特点。

（2）技术效果：推进球技术的结果应是目标向预定的方向前进，而将主球置于距离一个球较为有利的位置。

（3）应用说明：推进球技术至少在主球与目标球重叠 1/2 以上时，才算推进击法，应用推进击法可确保主球下一步走位的准确。

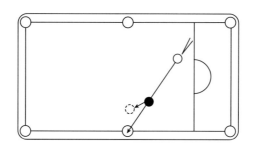

图 2-4-13　推进球技术

2. 跟进球技术（如图 2-4-14 所示）

（1）技术动作：做好击球准备，握杆手保持与球杆水平，手架靠近主球，击主球的中上点，出杆的力量根据主球走位距离的长短而定。

（2）技术效果：打跟进球的目的就是在主球碰撞目标球后，主球能继续向前滚动，并停在打下一个目标球的位置上，主球跟进的距离比主球推进距离明显要长。

（3）应用说明：推进球技术至少在主球与目标球重叠1/2以上时，才算推进击法，应用推进击法可确保主球下一步走位的准确。

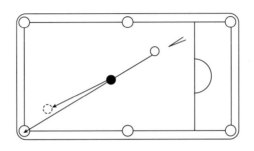

图 2－4－14　跟进球技术

3. 定位球技术（如图 2－4－15 所示）

（1）技术动作：做好击球准备，球杆保持水平，击主球的中心点，使之平衡滑行前进。出杆时要有爆发力、有弹性，短促有力，如目标球较远，可击打主球的中心稍偏下，以确保主球的定位。

（2）技术效果：主球撞击目标球时，将动能传递给目标球，目标球因此而向前滚动，主球却停在撞击目标球时的位置上。

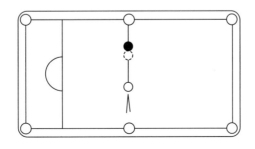

图 2－4－15　定位球技术

（3）应用说明：打定位球时，必须是主球在滑动中撞击到目标球，如主球距离目标球太远，在滑动中没有碰到目标球，而是从滑行状态变为向前滚动状态才碰到球，这样的效果就成了跟进球。

4. 缩杆球技术（如图 2－4－16）

（1）技术动作：做好击球准备，击球时架杆手尽量放低平些，球杆保持水平，击主球的中下点，出杆时要果断、迅速，进杆后要保持击杆的姿势，不可回撤或转动球杆。

（2）技术效果：主球碰撞到目标球后，目标球沿主球作用力的方向直线向前滚动，而主球却逆向向后滚动，在同一力度下，由于主球和目标的距离不同，缩杆的效果也不同。

（3）应用说明：在实战中，缩球技术主要应用于击一些袋边球入袋而主球退回安全位置；或者是使主球移位，以便使下一个球处于更为有利的位置。

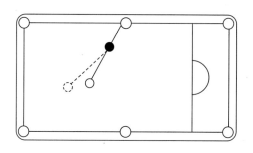

图 2－4－16　缩杆球技术

5. 侧旋球技术（如图 2－4－17 所示）

（1）技术动作：击侧旋球时，球杆要保持水平。击球点要准确，出杆时要略向前送。击球时球杆呈水平状态，主球直线前进；击球时随握杆手的提高，主球前进路线的弧度增加。

（2）技术效果：撞击主球左侧形成顺时针方向的旋转，碰到目标球时，主球运动方向向右偏转，目标球产生相反方向的自旋；撞击主球右侧形成逆时针方向的旋转，目标球产生相反方向的自旋；撞击主球右侧形成逆时针方向的旋转，碰到目标球时，主球运动方向向左偏转，目标球产生相反方向的自旋。

（3）应用说明：侧旋技术比较复杂，应用时要注意击球的速度、力量、球杆顶端的硬度等因素。

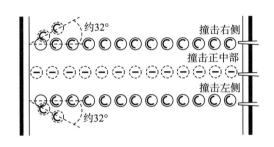

图2－4－17　侧旋球技术

三、台球的基本练习方法

（一）台球的基本技术练习

1. 教学顺序

握杆→脚站立位置→上体姿势→面部位置→手肘、肩部位置→击球动作。

2. 教学要点

（1）握杆手是紧是松，手腕内扣还是外旋，肘是否与地面垂直。

（2）脚站立位置是否开立适度，重心稳定。

（3）整体姿势是否协调。

（4）击球动作是否连贯、规范。

3. 练习方法

完整地观看一个示范动作，进行分解动作练习、徒手运杆练习再进行完整的动作练习。

（二）台球的基本杆法教学

1. 教学顺序

跟进球→定位球→缩杆球→推进球→旋转球。

2. 教学要点

（1）明确主球上5个基本击球点（见图2－4－18）及其主要的功能。

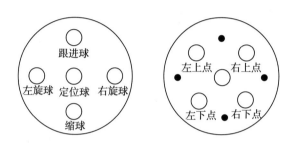

图2－4－18 主球上的5个基本击球点

（2）区别不同杆法的力度，走位要准确。

（3）用一种杆法找连击点的过程中，注意力要集中。

3. 练习方法

（1）跟进球练习。如图2－4－19。

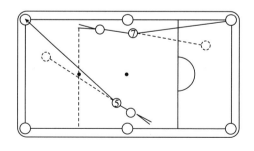

图2－4－19 跟进球练习

（2）定位球练习。如图2－4－20。

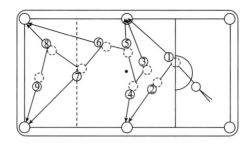

图 2 - 4 - 20 定位球练习

（3）缩杆球练习。如图 2 - 4 - 21。

（4）推进球练习。如图 2 - 4 - 22。

（5）旋转球练习。如图 2 - 4 - 23。

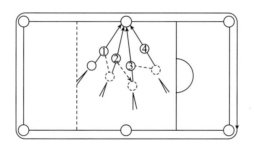

图 2 - 4 - 21 缩杆球练习

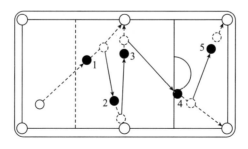

图 2 - 4 - 22 推进球练习

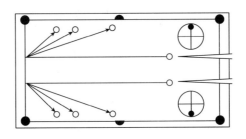

图 2 - 4 - 23　旋转球练习

（三）主球控制的练习方法

1. 练习顺序

（1）力量控制→位置控制→瞄准方法。

（2）击主球→主球撞击目标球→台边反弹球。

2. 练习要点

（1）力量控制要掌握轻击与重击的力度。

（2）位置控制依赖于撞击点、目标球的撞击部位、出杆力度三个因素。

（3）瞄准方法要掌握目标球的线路、目标球的撞击点、瞄准点三个因素。

（4）重点掌握撞击不同球点时主球运动的特征。

3. 练习方法

（1）击主球练习。如图 2 - 4 - 24。

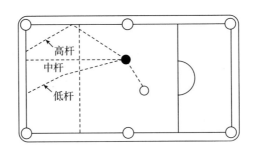

图 2 - 4 - 24　击主球练习

（2）主球撞击目标球练习。如图 2 - 4 - 25。

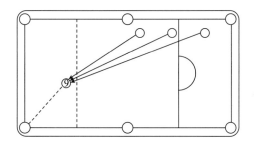

图 2 - 4 - 25　主球撞击目标球练习

（3）台边反弹球练习。如图 2 - 4 - 26。

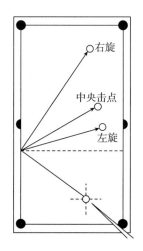

图 2 - 4 - 26　台边反弹球练习

（4）击球力量控制练习。如图 2 - 4 - 27。

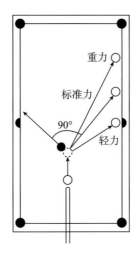

图 2 - 4 - 27　击球力量控制练习

四、台球的基本战术练习

（一）台球的基本战术练习内容

1. 开球战术

开球的战术十分重要，各种球都讲究开球的技巧。如斯诺克台球的开球，一般采取安全打法，在不违例犯规的情况下，给对方造成不利的形势，甚至因此而失误；16 彩球台球的开球，一般采取给对方制造障碍的战术，使对方没有机会进球。

2. 得高分战术

在以得分为主的台球玩法中，主要的战术是尽量把主球调整到击分值高的最佳位置，控制主球时要注意各个击球点的巧妙使用。

3. 安全球战术

安全球战术是在比赛中台面上的球势于己不利，没有击球入袋的机会或要承担很大的风险时采取的一种防守策略。它与开球战术的打法相似，常常用于一盘的中局战术中。

4. 障碍球战术

障碍球战术是台球玩法中技巧性最高的一种战术，在比赛中将主球和目标球调整到其他球的两边，其他球成为障碍球，阻挡主球直接撞击目标球。打障碍球战术的时机是自己击球时，毫无进球希望或对方的积分超过了自己，设置障碍给对方带来不利，甚至被罚分。

（二）台球的基本战术练习顺序

1. 推进球走位练习

推进球走位练习应具备正确的推杆技术和击球力量的控制技术。在练习过程中，可以将若干个目标球放在台面的固定点上，主球在推进中，走到下一目标球的合适击球位置，应用推进技术将球全部击入袋中。

2. 定位球走位练习

定位球走位练习必须具备击定位球技术。在练习中可将若干个目标球放在台面固定点上，主球在打定位球时，能和下一个目标球及入袋口保持在一条直线上，将目标球击入袋中。

3. 缩杆球走位练习

缩杆球走位练习必须具备打缩杆球的技术和对击球力量的控制技术。在练习中，可将若干个目标球放在台面固定点上，主球在打缩杆球后能走到下一个目标球与袋口确定的直线位置上，再进行缩杆球走位练习。

4. 混合杆法走位练习

在基本掌握了上述技术后，可以进行三者的混合练习。

5. 侧旋球走位练习

（1）空岸练习：将主球放在开球线上，沿开球线向对岸用各种杆法及力度击打主球不同击球点的练习。

（2）击目标球入袋练习：将目标球放在固定点上，击打主球的不同击球点将目标球击入袋的练习。

第四节　台球运动的规则

一、台球运动的比赛方法

台球运动的竞赛工作、组织程序同其他球类运动一样。根据其规模的大小，比赛可分为对抗赛、淘汰赛、循环赛等。

1. 个人对抗赛

在比赛开始前，应由比赛组织者确定一个判断胜者的方法，如一局决胜负或三局二胜制等。然后组织参赛者个人抽签，以确定运动员之间的对阵，随后便可以依对阵表进行比赛。

2. 团体对抗赛

由组织者或裁判员召集双方队长填写该队运动员出场顺序，并将两队出场顺序一一对应，根据事先制定的判定胜负的方法进行比赛，或运动队打完整个比赛后，以最后的结果判定比赛的胜负。

淘汰赛与循环赛的编排方法同其他球类项目。

二、台球运动的比赛规则

台球种类很多，每一种打法都有一套规则，在此仅介绍斯诺克台球及 16 彩球台球的玩法与规则。

（一）斯诺克台球的球法与规则

斯诺克台球据说是英国的一名士兵发明的。斯诺克台球共有 22 个球，其中 15 个红色球，1 个黄色球、1 个绿色球、1 个褐色球、1 个蓝色球、1 个粉红色球、1 个黑色球（这 6 个球也称为色球），另外还有 1 个白色球，即主球。斯诺克台球是记分式台球，击球落袋即可得分。

1. 开球线与开球区

平行于底岸，距底岸内沿 70 厘米，且相交于两边岸的一条平行直线为开球线。以开球线中心为圆心，以 29.2 厘米为半径，向底岸方向画出的与开球线组成半圆形区域为开球区（如图 2 – 4 – 28 所示）。

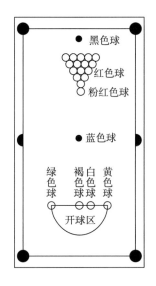

图 2 – 4 – 28 斯诺克台球的开球球位

2. 置球点与球的分值

台面上共有 6 个置球点，球的摆法如图 2 – 4 – 28 所示，其中黄色球 1 个，分值为 2 分，位于开球区与开球线的右交点；绿色球 1 个，分值为 3 分，位于开球区与开球线的左交点；褐色球 1 个，分值为 4 分，位于开球区半圆的圆心点；蓝色球 1 个，分值为 5 分，位于球台两条对角线的交点；粉红色球 1 个，分值为 6 分，位于两腰袋和两顶袋组成的对角线的交点；黑色球 1 个，分值为 7 分，位于台面的纵向中轴线上距顶岸垂直距离为 31.8 厘米处；红色球 15 个，每个分值为 1 分，位于粉红色球和黑色球之间、顶角和粉红色球接近而不相贴的一个正三角形区域；白色球为主球，可以摆放在开球区中的任何位置上。

3. 基本玩法

（1）开球权与开球：以猜硬币及其他方式决定开球权。开球时主球必须击中红色球，而且不能击空，一不能直接击粉红色球，二不能让主球落入袋中，否则，按规则罚分，由对方获得击球权。

（2）击球次序：第一杆必须打红色球，然后可以在色球中任选一个打，接着再打红色球，打红色球与打白色球必须相间进行，红色球落袋就留在袋中，而色球被击入袋要取回来放在原置球点上，直至红色球全部被击落，最后还要击落一个色球。红色球全部击落后，剩下的 6 个色球必须按分值从低分球到高分球一个一个击打。

（3）记分方法：击落红色球得 1 分，击落色球，按它的分值得分，21 个目标球总分是 42 分，如果每次击落一个红色球后都能击落 1 次黑色球，然后再将 6 个色球按顺序击入袋中，就可得到 $1 \times 15 + 7 \times 15 + 2 + 3 + 4 + 5 + 6 + 7 = 147$ 分，即斯诺克台球一杆最高可得 147 分。在打球时，如果犯规要罚分，斯诺克台球的规则非常严格，所得分数不是在犯规这一方所得的分数中扣除，而是将所罚分数加给对方，最后累计积分高者获胜。

（4）手中球与自由球。主球被击出界或自落，都是下一个击球者的手中球，即由对方获击球权。手中球能摆放在台面的任意一点上，可击任何方向的球。自由球也叫任意球。当击球队员犯规后，主球变成死角球或障碍球时，应判为自由球。改由对方击球时，可以指定任何非活球代替目标球，这个非活球就是自由球。例如，红色球为目标球，选择了蓝色球为自由球，将其击落，等于击落了一个红色球，下一击应选择白色球为目标球。

4. 犯规及处罚

斯诺克台球中一切违犯规则的情形都要罚分。罚分多少由球的分值决定，最多的是黑色球 7 分，最少的是褐色球 4 分，其余不足 4 分的球均按 4 分处罚。击球时，有下列情况之一者将被判犯规并罚分。

（1）球未停稳即开杆击球。

（2）击球时杆头触击主球两次以上。

（3）击球时双脚离地或服饰、身体、球杆等触动球。

（4）击球时推杆或击成空杆。

（5）用自由球做成障碍球。

（6）手中球未放在开球区内开球。

（7）击成跳球或击球区内开球。

（8）使非活球被击中或落袋。

（9）主球同时撞击两个球（同时击两个红色球或一个自由球和一个活球除外）。

（10）连续两次都击红色球。

（二）16彩球台球的玩法与规则

美式16彩球台球中，只有1个是白色的主球，余下的15个是彩球，其中1～8号球全彩，9～15号球为带彩。16彩球台球的玩法很多，在此仅介绍在我国较为流行的顺序式玩法和8号球玩法。

1. 顺序式玩法及其主要规则

（1）置球与开球：顺序式打法中15个彩球呈倒三角形于开球区，1号球位于顶角，2号球位于左角，3号球位于右角，15号球位于正中，其他球可任意摆放（如图2－4－29所示）。

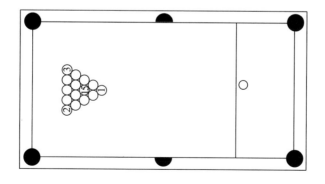

图2－4－29　美式16彩球台球的开球球位

争得开球权者，开球时必须撞击 1 号球，并且至少有两个球（包括主球）碰到台边，否则开球无效。

（2）基本玩法：顺序式玩法也称轮换玩法，击球时按照台球上的号码从小到大依次击球入袋，每人击一个球，就以球的号码为分值记分，1～15 号球累计起来是 120 分，当一方超过 61 分即为获胜者。如果主球击最小号码的目标球入袋的同时，又击落了别的球落袋，都算有效，并同时记分累计击球中碰到最小号码的球，再将别的球击落入袋，判有效，并按落袋球号记分。

（3）失机与失误：击球中，虽击中了目标球，但未将其击入球袋等情况都将使击球者失去连续击球的机会，改由对方上台击球。击球失误是要受罚的。处罚规则一般是停止击球一次或判对方连击两次球。失误通常有以下几种情况：主球落袋同时也击落了目标球或其他球，除主球回开球线外，落袋的其他球也要取出放到开球点，球出界或击落了不是最小号码的目标球；空杆或两次空杆且主球运动到极不利于击目标球的位置时，对方有权要求失误者再次击球，否则判对方得分。

2. 8 号球玩法及其规则

（1）球与开球：8 号球位于球堆的中央位置，三个角上分别是 1、2、3 号球，也可以任意摆放，只要 8 号球的位置不动就行（如图 2－4－30 所示）。

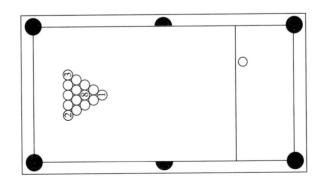

图 2－4－30　8 号球玩法的开球球位

争得开球权者，开球时击中球堆即为有效，但开球时击中了8号球或主球落袋或两者同时落袋，均须重新开球。

（2）基本玩法：8号球玩法是将15个球分为两组，1~7号球为一组，9~15号球为一组，8号球为双方争夺的球。击球中，谁打哪一组取决于第一个被击落的球。当某一方将所属于自己的那一组球全部击落，即可击8号球，谁先将8号球击落袋中谁获胜。有时，也可以指定球指定袋，如1号球必须落入右中袋，8号球必须落入左中袋等。

第五章　体育舞蹈

第一节　体育舞蹈概述

一、舞蹈的概念

舞蹈是在音乐的伴奏下，通过人体各环节有节奏地不同变化而塑造出各种各样的形体与造型，以表达人的不同思想情感或事物本质的一项运动。也就是说在音乐伴奏下，"手之舞之，足之蹈之"。或者说是在音乐伴奏下，有节奏的手舞足蹈的活动称为舞蹈。

二、舞蹈的起源与发展

舞蹈是一种社会现象，是反映人类社会生活的一种意识形态。作为意识形态之一的舞蹈，是起源最早、最具有广泛群众性的一项运动。早在远古时代，我们的祖先就用"手之舞之，足之蹈之"来表达最激动的思想情感并达到锻炼身体的目的。那时的舞蹈活动几乎渗透到人类社会的一切领域，如劳动、狩猎、战争、祭礼、娱乐和爱情等，可以说，没有一项重大的社会活动能离开舞蹈。

　　劳动创造了世界和人类本身，也创造了舞蹈活动。马克思主义者认为："舞蹈是一种社会意识形态，它是客观现实在人们头脑中反映的产物。从原始社会人们的舞蹈活动来看，它的产生最早就起源于劳动生活的需要，起源于获取劳动丰收的愿望，而且他们的舞蹈与劳动生活有着直接的关系。"因此，在人类发展的各个历史时期，反映劳动生活的舞蹈都占有非常重要的位置。据传说，我国远古时代就有反映养鸟兽和种植五谷的歌舞，在汉代祭祀后稷的仪式中，除了要供奉牛、羊、猪三牲外，还要有童男 16 人表演一个农作舞，以此来纪念和歌颂后稷教民种田的功劳。

从远古到现代，世界上不同民族和不同国家的人民都有着各自不同的爱情观，因此，以表达人民爱情生活为内容的舞蹈更为普遍，风靡世界的现代交谊舞、拉丁舞等，都是爱情生活的写照。

此外，世界各国还有一些根据古代传说和寓言编成的舞蹈，如我国流传的《天女散花》《猪八戒背媳妇》《美人鱼》等至今仍受人们喜爱。

三、舞蹈的分类

舞蹈在社会发展过程中产生，也随着社会的发展而发展，首先就是舞蹈的不断变化和发展。

在原始社会中，人们进行物质生产活动和文化娱乐（歌唱、跳舞）活动，一般都是集体性质的，人人都是劳动者，人人也都能歌善舞，那时尚无演员、观众之分。只有到了阶级社会，才出现专业的乐舞奴隶和歌舞伎人，乐舞的表演技艺才得到了进一步的提高与发展。如我国汉代就有身轻如燕、能作掌上舞蹈的赵飞燕，唐代有能让"观者如山色沮丧，天地为之久低昂"的《剑器》名手公孙大娘等。

作为意识形态之一的舞蹈艺术，在它的发展过程中，往往受到其他社会意识形态和社会思潮以及人们的文化素养和认识水平高低的影响。在我国的舞蹈发展史中，舞蹈家们通常根据其目的、作风、风格、特点和表演的形式等来对舞蹈进行分类。

根据舞蹈的目的和作用，可将其分为生活舞蹈和艺术舞蹈两大类。

生活舞蹈一般是指与人们日常生活有着直接紧密的联系、人人都可参加的具有广泛群众性的舞蹈活动，它又包括：习俗舞蹈（或称仪式舞蹈）、宗教舞蹈（包括巫舞）、社交舞蹈、体育舞蹈、教育舞蹈。

艺术舞蹈是指专业或业余舞蹈家通过对社会生活的观察分析，集中概括，进行艺术的创造，主题思想鲜明，艺术形式完整，具有典型化的艺术形象并由少数专业或业余演员在舞台或广场上表演，供人们观赏的舞蹈。

四、体育舞蹈的产生

如上所述，舞蹈在国内外有着悠久的历史，它起源于人类生活需要，产生于原始人类的劳动生活之中，并随着人类社会的发展而发展。

体育舞蹈不是什么新产生的舞蹈，而是随着世界科学技术的发展和人们生活水平与文化素养的提高，对舞蹈属性进行科学解释后，还其体育舞蹈的本来面目。因此，体育舞蹈是一项集服装美、音乐美、动作美于一身，兼有文化娱乐内涵和体育竞赛特点的运动。

人所共知，舞蹈（如图2-5-1）是通过人体各环节的不同变化而塑造的形体与造型的体育与艺术相结合的一项运动。我们认为：在构成舞蹈形象诸因素中，根本的、不可缺少的就是人体动作，即"手之舞之，足之蹈之"，离开了人体动作这个基础，就不称其为舞蹈了。所以舞蹈的本质属性归属体育。但是，世界上一切事物的产生、发展都是极其复杂的，舞蹈也是这样。在人类社会的初始阶段，人们在与大自然的斗争中取得了胜利或喜获丰收时，就聚集在一起拿着日用的工具或胜利品，即兴地手舞足蹈起来。这些集体的简单动作，就是具有健身和娱乐性质的原始舞蹈。自社会出现阶级以后，广大劳动人民由于政治上受剥削阶级的统治和压迫，经济上受上层贵族的剥削，自己创造的舞蹈，就逐渐变化为上层统治者观赏的宫廷舞，专供上层贵族娱乐、消遣。此时，舞蹈虽然自身仍有健身意义，但是舞蹈的目的转变为主要是供人欣赏和娱乐，对其技术要求也较高，成了以艺术为主的文艺舞蹈。

图 2－5－1　舞蹈展示图

　　随着社会进化和人类文明的发展，我国的舞蹈因其目的任务不同而分化为两大类。一类是由少数专业或业余舞蹈演员进行表演，以宣传教育为目的的文艺舞蹈。它们有明确的主题思想，对舞蹈的技术与要求很高，在供人们观赏的同时，达到潜移默化的思想教育目的。另一类是广大群众能参加的，以自娱自乐为典型代表的各种集体舞、交谊舞和现代舞，它们的出现迅速受到人们的欢迎，并得到蓬勃的发展。一些集体舞已被列为小学体育教材，舞蹈的徒手基本动作和基本步法，早已成为我国体育院校体操、艺术体操、花样滑冰的教学内容。过去仅为部分人在少数舞厅中享受的交谊舞，现在已成为广大人民健身、娱乐、消遣的生活内容，不仅在舞厅，而且在公园、广场、街头绿地边到处都可以看到翩翩起舞的青年、中年和老年人。就连老年人看不惯的迪斯科（扭摆）舞，现在也成了我国人民锻炼身体的重要内容之一。可见，体育舞蹈在我国已客观地存在于人民的生活中。

五、体育舞蹈的发展

在国际体育活动中，世界上许多国家早已将国际标准交谊舞、拉丁舞等为代表的舞蹈归属体育范畴。据有关资料介绍，自 1825 年国际舞蹈协会就颁布了国际标准交谊舞蹈教程和比赛规则，并举行了国际标准舞的"世界杯""世界锦标赛"等国际比赛，至今已举办过 40 多届。西方许多国家已将其纳入体育联合会的范畴，并成立了有 29 个国家和地区参加的国际体育联合会。欧洲每年还要举行集体舞冠军赛。由此可见，体育舞蹈不仅是人们喜爱的健身内容，而且有可能成为世界性的竞技体育项目。因此，国家体育总局（原中华人民共和国体育运动委员会）在 1989 年 11 月 21 日《关于举办全国国际体育舞蹈培训班的通知》中，已明确指出，"国际体育舞蹈是一项近代新兴起的竞技性国际体育运动项目"。同年 8 月 23 日，在北京举行了全国首届体育舞蹈锦标赛，随后，每年都要举办 1 次全国体育舞蹈赛。1999 年国家体育总局决定举办全国第 1 届体育大会（非奥运会比赛项目），并将体育舞蹈列为正式比赛内容。2002 年全国第 2 届体育大会，体育舞蹈也被列为比赛项目，展示了体育舞蹈在我国发展的美好前景。

第二节 体育舞蹈的价值

一、促进身体正常发育，改善身体机能，提高健康水平

通过体育舞蹈活动，促进青少年身体正常发育，加速肌体各器官系统形态和肌能的变化过程，并使之更加完善；改善中老年人的身体机能，延缓其衰老，提高健康水平。

二、丰富文化生活，陶冶人的情操

体育舞蹈是与人民艺术相结合的项目，是人们文化生活的重要内容之一。参加体育舞蹈活动，不但能满足人民文化生活的需要，还能塑造其体形美、姿态美和行为美，达到陶冶情操的目的。

三、体育舞蹈的基本知识与技能，养成锻炼习惯

"生命在于运动。"人们要养成从事某项运动锻炼的习惯，首先有赖于人们对该项运动有起码的认识，然后通过运动实践，逐渐得到身心上的满足体验后，才能成为习惯。掌握其基本知识与技能，还能提高人们观赏各种舞蹈表演、比赛的鉴赏能力和审美水平，这也是丰富人们文化生活的重要因素。

随着我国人民物质文化生活水平的不断提高，人们不但要有自娱自乐的群众体育舞蹈，还要求迅速提高我国竞技体育舞蹈的技术水平。在第26届悉尼奥运会上体育舞蹈已成为表演项目，说明它离正式进入世界竞技体育舞台已为期不远了。体育舞蹈属于灵巧性项目，正适合我国人民的身材和神经类型，只要组织和训练得当，可迅速成为我国优势项目，在世界竞技舞台上为国争光。

四、促进相关竞技体育项目腾飞

在竞技体育这个总系统中，存在着许多相关的子系统，在这些子系统中，某一系统技术水平的提高与发展，必然促进其他相关子系统的技术水平的提高。体育舞蹈与体育项目的自由体操（尤其是女子自由体操）、艺术体操、冰上舞蹈、技巧运动、花样滑冰和花样游泳等项目有着密切的相关程度。因此，体育舞蹈技术水平的提高，必然促进上述相关项目的腾飞。

第三节　体育舞蹈的基本技术

舞蹈随着社会的发展，已自然地、客观地将其分为文艺舞蹈和体育舞蹈两大类。

体育舞蹈根据其目的、任务，又可分为群众（大众）体育舞蹈和竞技体育舞蹈两大类。它们包括的内容如图 2-5-2 所示：

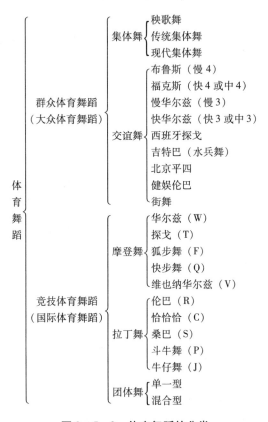

图 2-5-2　体育舞蹈的分类

一、群众体育舞蹈

它是以健身和娱乐为主的群众性体育舞蹈。动作较简单易学运动量容易自控，需要场地较小，便于普及和开展。常见的有：

1. 秧歌舞

它在我国有广泛的群众基础，深受中老年人喜欢身娱乐的项目之一。

2. 传统集体舞

它包括传统与民间的集体舞。如流行的友谊舞、邀请舞和丰收舞等，它适宜在中小学学生中开展。

3. 现代集体舞

现代集体舞主要是以迪斯科动作为主编成的集体练习或双人集体练习的舞蹈。如当前流行的 16 步、24 步等，同时还有用交谊舞动作编成的集体舞，如《花儿朵朵》《友谊长存》等。它适宜在大学、中专学生和职工中开展。

4. 交谊舞

交谊舞是当前在露天舞场、舞厅和单位组织舞会时采用的舞蹈。主要有：布鲁斯（慢 4 步）、福克斯（快 4 步）、快慢华尔兹（快慢 3 步）、西班牙探戈和伦巴等，是以健身和娱乐为主要特征的体育舞蹈。它适宜在大学、中专学生和广大职工中开展。

二、竞技体育舞蹈（国际体育舞蹈）

这类舞蹈是以竞技或表演为主的体育舞蹈。

1. 摩登舞（或称现代舞）

它们的共同特点是：动作规范，步法准确，音乐旋律悠扬，主要是用第一表演区（头、颈、胸和上肢）来表现的舞蹈，但它们有不同的特性，如：华尔兹的音乐缠绵，舞态雍容华贵，步法婉转飘逸；狐步舞的音乐恬愉，舞态洒脱，宛如行云流水，细碎流畅；快步舞的音乐逍遥，舞态轻松轻快，步法流畅；维也纳华尔兹的音乐流畅，舞态婆娑，步法旋转朗朗；探戈的音乐华丽，舞法顿挫磊落，情绪激昂；等等。

2. 拉丁舞

拉丁舞是另一类竞技体育舞蹈，在跳舞时，主要突出第二表演区（即髋、腰）的动作，特征是热情奔放，自由活泼，技巧性强，伴奏明快，是富于表现情感的舞蹈。男女的动作多数不完全相同，更为突出女伴的动作，故人们常把拉丁舞表演称为"女伴是红花，男伴是绿叶"。

3. 团体舞

团体舞是 20 世纪 60 年代兴起的一个项目，运用交谊舞的内容，采用不同的变化队形，组成各种集体组合的造型，构成单一或混合（即用单一舞种或多种舞蹈动作）的团体舞蹈。它具有拉丁舞的典型特征。所以是体育舞蹈竞赛中最精彩、最优美的一类舞蹈。

第四节　体育舞蹈的竞赛规则

体育舞蹈在我国是一项新兴的体育项目。通过竞赛可以推动体育舞蹈的开展，达到增强人民体质和丰富人民文化生活的目的，可以互相观摩学习和交流教学训练经验，是普及群众舞蹈活动和促进竞技体育舞蹈技术水平迅速提高的重要手段因此，要重视竞赛，加强竞赛的组织、宣教和裁判等工作，搞好竞赛，使之达到有利于体育舞蹈的普及和提高的目的。

规则是由体育行政部门或协会制定颁布实施的。

规则是竞赛工作的法则，是裁判执行的依据，编制一部规则，是一项极复杂的工作，这里我们只能提出修改补充现行规则的一些想法和建议。我们认为一部规则应包括：总则、裁判组成、评分要素、成绩表示、成绩统计、场地与服务等内容。

（一）总则

制定总则的指导思想，应包括"三个有利于"，即有利于公平竞赛，有利于裁判掌握和操作，有利于该项目的技术提高。

（二）裁判组成

裁判应包括仲裁判长、若干裁判组，由检录和记录组组成。为了便于公平执法，我们建议设 A、B、C 三个裁判组，每个裁判组设裁判长 1 个，裁判员 6~8 人组成。A 为摩登舞的裁判组，负责摩登舞裁判工作；B 为拉丁舞裁判组，负责拉丁舞的裁判工作；C 为团体裁判组，负责团体舞和群众体育舞蹈的裁判工作。这样才便于各裁判组研究规则，统一评分标准，实现公正、准确的执法。

（三）评分要素

所谓要素，是对评定选手表现的价值而言，除了现行规则的 6 个要素，并对其需补充说明外，应增加难度要素一款，难度要素是衡量选手一套动作的主要要素，因此，应规定比赛的不同难度要求，达不到最低要求者要扣分。

（四）表示成绩方法

选手的一套动作最高为 10 分。并将其分配在 7 个要素中，其比例为：基本技术 2.5 分，编排 1.5 分，难度 2.0 分，动作与音乐的配合 1.5 分，完成质量 2.0 分，总印象 0.5 分。裁判员对上述要素出现错误时，每次从 0.05 分起扣至 1.0 分。

（五）评定成绩的方法

具体评定方法在裁判方法一节里详述。但规则应明确规定出现错误的扣分标准：轻微（小）错误每次扣 0.05 ~ 0.2 分，显著（中）错误每次扣 0.2 ~ 0.3 分，严重（大）错误每次扣 0.3 ~ 0.6 分。明确规定有效分差：选手的一套动作得分在 9.50 分以上时，有效分差不得超过 0.2 分；在 9.00 ~ 9.45 分时，有效分差不得超过 0.3 分；在 8.00 ~ 8.95 分时，有效分差不得超过 0.5 分；在 7.95 分以下时，有效分差不得超过 1.0 分。明确规定标准基本分 =（有效分的几个裁判员的平均分 + 裁判长的分）÷ 2，以便在裁判评分出现争议时使用。

第六章　健美操

第一节　健美操概述

健美操是在音乐伴奏下融体操、舞蹈、音乐为一体的身体练习。现代青年人喜爱简洁、节奏感强、能展现自我的体育文化，健美操体现了当代健身运动时代的特征，是一种有意识、内涵丰富的文化体育活动，既是健身美体、陶冶情操的青年人的健身方式，也是竞赛运动的一个项目。健美操源远流长，它源于生活及人们对人体健美的追求、是体操、舞蹈、音乐逐步发展和结合的产物。

19 世纪瑞典体操的代表人物林氏，认为健美操是以表现人的思想感情为目的的一种体操。他强调身体各部位协调发展，注意正确姿态，促进身体健康。在这些思想影响下，健美操首先在欧洲兴起并迅速发展起来。现代健美操在全球性的发展，始于 20 世纪 80 年代，其代表人物是美国电影明星简·方达健美操，迅速风靡整个世界。现代健美操的兴起一方面体现了历史的延续性，另一方面也体现了人对现代文明病的抗争。高科技带来生活条件的改善和生态环境破坏等导致的现代文明病，成为现代人健康的威胁，为抵御这种健康危机，人们创造了一系列自我完善的方法和手段，现代健美操应运而生，发展至今，形形色色的健美操如雨后春笋，层出不穷，尤其是青年人的各种健身操，得到了大学生们的喜爱。

1987 年 5 月，我国第一次把健美操列为正式比赛项目，并参照国际健美操部分比赛规则，制定出中国的健美操比赛规则后，又先后制定了全国职工健美操竞赛规则、全国大学生健美操竞赛规则。从众多比赛中可以看出当前健美操的发展趋势，向规范化发展，向新、力、美方向发展，向音乐与健美融为一体的方向发展，健美操训练向经常化、科学化方向发展。

高校的健美操运动，深受广大师生的欢迎。通过学习，一般能使学生较系统地掌握健美操锻炼方法，养成自我锻炼的习惯。通过大学阶段的学习，达到初级健美操社会体育指导员的水平。

一、健美操的内容

成套健美操的动作是由单个动作所组成。它源于徒手体操、艺术体操、现代舞等的动作，徒手体操动作是健美操动作的最基本内容，它是由头颈、肩、上肢、胸、腰、下肢等部位的曲、伸、转、绕、举、振等基本动作构成的。只有正确掌握徒手体操动作，才能协调、准确地完成健美操动作。艺术体操中的波浪、舞动、绕环、屈伸、平衡、转体、跳步、舞步等也是健美操动作的内容。艺术体操徒手动作不仅能培养人们对动作的美感，而且能有效增强身体素质，提高协调性，增加成变动作难度。健美操中还大量吸收了迪斯科舞、爵士舞以及霹雳舞中的上下肢、躯干、头颈和足踝动作，特别是髋部动作，这给健美操增添了力度美。

二、健美操的分类

（一）健身健美操

健身健美操以健身为目的，旨在全面活动身体、健身壮体。其强度和难度相对较低。健身健美操可根据不同的需要和不同的角度分类，如按人体结构可分为头颈、肩、胸、腰、腹、臀、腿部健美操；按目的任务可分为姿态形体健美操、医疗保健健美操；按练习形式可分为徒手健美操、轻器械健美操、专门器械健美操；按性别可分为男子健美操和女子健美操；按不同年龄层次可分为老年、中年、青年、少儿、幼儿、婴儿健美操。

（二）竞技健美操

竞技健美操以竞技为目的的，有特定的比赛规则和评分方法，需要完成一些特定的动作和特定要求，对人的身体素质、技术技能和艺术表现能力有较高要求。它分为男子单人、女子单人、混合双人、三人、六人健美操等。

三、健美锻炼的时间选择

人的体力、智力、注意力等状态在一天中是变化的，早晨刚起床时人体各器官和系统处于一种较低级的状态，上午逐渐上升，中午有一个小幅度下降，下午又逐渐上升，根据自身的学习和工作情况，健身操锻炼安排在早上、白天或晚上都可以，其中以下午3时至晚上8时这段时间最好，因为这段时间体力比较旺盛。当然，由于个人的生活习惯不同，锻炼时间也可灵活掌握，也可选择在上午或下午某个时间进行锻炼。

注意事项：在饭前锻炼，要休息半小时后才能用餐，饭后则要休息一个半小时以后才锻炼。晚上锻炼，要在临睡前两个小时结束，以免因过度兴奋影响入睡。

四、合理安排健美操的锻炼次数

健身锻炼是关键。已养成健身锻炼习惯且身体状况好的人，如果时间或条件允许的话，最好每天定时练习，这样，使心脏每天平均承受一定的负荷，心肺功能的增强将更明显，衰老过程将减慢。当然，若学习忙，隔日练习也可以，但贵在长年坚持、不间断。有计划地每周练三次，就可收到健身效果。但若只练 1 ~ 2 次，效果就大大降低。美国的研究成果表明，坚持运动可使最大摄氧量提高 5% ~ 25%，但条件必须是每周运动 3 日以上，如果每周只练两天则不会取得这种好效果。

五、健美操运动中易出现的运动损伤及防治

健美操练习中，因为准备活动不充分、训练水平不够、疲劳或运动负荷过大、运动技术不正确、气温太低、场地不良等种种原因，就容易出现拉伤、扭伤、惯性疲劳等运动损伤。预防措施是要充分做好准备活动，使身体内温度升高，提高运动员心血管系统、运动系统等功能。另外，要根据受伤特点，对易受伤部位作一些特殊练习，使该部位肌肉展度较大，提高肌肉弹性，防止损伤。

肌肉受伤处理方法：可采取冷敷、加压包扎、抬高肢体的办法。24 小时后再用热疗、按摩、药物、早期功能锻炼。

脚扭伤处理方法：扭伤脚后立即用冷水冲洗或浸泡伤处 3 ~ 5 分钟，再用手掌从伤处向下、向后推压 5 ~ 6 次，力量不宜过大，而后再向前推压 5 ~ 10 次，而后再用卷绷带从脚腕上方开始缠绕，缠好后在24 小时内不要打开。第二天打开绷带用温热水烫踝部，而后再进行推压和包扎绷带，一般 3 ~ 5 天就会恢复。

第二节　健美操的运动价值

健美操运动能促进人体正常发育，增强人体肌肉韧性和内脏器官功能，提高有氧代谢能力，发展人体柔软、协调等身体素质；能增进

健康，增强体质，形成正确优美姿态；协调发展各部肌群，使人体匀称和谐地发展；促进内分泌功能，减少血清中血脂含量，减少体脂；培养顽强意志品质及良好风度、素养，树立正确审美观，陶冶美的情操；提高心理承受力，促进身心健康。

一、增强体质

（1）增强运动系统功能。经常进行健美操锻炼可以提高关节的灵活性，使肌肉的力量增强、体积增大、弹性提高，使韧带、肌肉等组织富有弹性。

（2）促进心血管系统机能的提高。长期参加健美操锻炼，可以使心血管纤维增粗，心肌收缩力增强，心输出量增加，提高供血能力。

（3）提高呼吸系统机能水平。人体在健美操运动时，肺通气量成倍增长，肺泡的张开度提高，从而增大了肺部的容积和吸氧量。

（4）改善消化系统的机能能力。由于健美操腹部活动较多，不但腰腹肌和骨盆得到了锻炼，而且加强了肠胃蠕动，增强了消化机能，有助于营养的吸收。

二、塑造健美形体

健美操是动态的健美锻炼，动作频率较快，跳路动作较多，讲究力度，运动负荷较大，因而消耗身体能量较大，利于消除体内多余的脂肪，发展某些部位肌肉，塑造健美的标准形体。

三、提高身体素质

健美操是一项要求力度和幅度的身体练习，经常参加该项运动可使肌肉的力量得到增强，肌腰、韧带、肌肉的弹性得以加强，从而提高了人体的力量和柔韧素质。

四、陶冶高雅情操

健美操是在音乐伴奏下进行的身体练习，音乐给健美操带来了生机，健美的动作充满青春活力，人们在欢乐的气氛中进行锻炼，他人的心灵和情操得到陶冶和净化，身心得以全面协调发展，人的精神面貌和气质修养都会有所改善和提高。

第七章　轮滑运动

第一节　轮滑运动简述

　　轮滑源自溜冰运动，在我国也称溜旱冰或四轮溜冰，包括速度、花样、轮滑球三大竞赛项目。18 世纪，荷兰一名滑冰爱好者为解决夏天滑冰问题，发明了最初的轮滑鞋，经欧美多次改造，轮滑运动如今已发展得如火如荼，并逐渐发展成为三个竞赛项目。1924 年，英国、法国、德国、瑞士四国的代表在瑞士蒙特勒成立了国际轮滑联合会，开始举办各个项目的国际比赛。现在经常举办的世界比赛有：速度轮滑（逢单年世界场地速滑锦标赛，逢双年公路速滑世界锦标赛）、轮滑球（逢单年举办 A 组世界锦标赛，逢双年举办 B 组世界锦标赛）、花样轮滑（每年一次世界锦标赛），1995 年，开始举办单排轮滑球世界锦标赛。约在 20 世纪 30 年代初，轮滑运动传入我国，但多年来只在沿海一带大城市开展，1980 年，中国轮滑协会成立，并加入国际轮滑联合会。从此我国轮滑运动进入了一个蓬勃发展的新时期，现在全国大部分城市都修建有轮滑场或室内轮滑厅，数以万计的人参加这项运动，每年都有全国性的轮滑此赛，同时派队参加亚洲轮滑锦标赛和世界单项赛事，我国的轮滑运动技术水平飞速提高，目前居亚洲上游水平。

一、主要基本技术练习

（一）平衡

首先，原地踏步，练习静平衡，熟悉轮滑性能；其次，两人一组，相互扶助或双手扶横杆或其他物体，前后左右移动，练习平衡技术；最后，借助外力练习平衡，通过别人用力将自己推动或抓住正在移动的人或其他物体前进或后退。初步掌握上述平衡技巧后，自己就可以滑行了，急停、转弯和后退等技巧则是下一步任务。

（二）滑跑

首先，陆地模仿练习，不穿轮滑鞋在地上模仿轮滑姿势和滑行动作，主要有蹲姿练习、侧蹬练习、侧倒练习、直道滑行完整技术模仿练习、速滑弯道完整技术模仿练习等。其次，滑跑技术诱导性练习，助跑几步，借助惯性直线向前滑进，同时配合身体、手臂及双腿的动作，做直线加速助跑至小圆周，使身体迅速向圆周内倾倒，配合重心的移动，进行弯道滑跑诱导练习。最后，滑跑技术实践练习，采用匀速长滑、低姿长滑、惯性速度滑跑、变速滑跑、尾随滑跑、轮流领先滑跑、追逐滑跑、小圆周匀速滑和加速滑、冲坡的进/出弯道练习、实战练习等方法。

（三）单排轮滑的刹停

第一，以八字脚放慢速度，双手置于身体两侧保持平衡停下，这一技术适合初学者；第二，双手在前保持平衡，重心放在左脚，抬右脚尖，用急停掣摩擦地面，缓缓停下；第三，双手在前保持平衡，重心置于左脚，身体前倾，用右脚滑轮内侧缓缓拖慢停下；第四，双手保持平衡，并自然摆腰，转动时，重心放在左脚，同时右脚顺滑半圈，侧斜滑轮刹停。此法适用于较高水平者。

二、轮滑运动的特点

娱乐性：轮滑有很强的娱乐性和趣味性，通过这项运动，可使人们从紧张、繁重的学习和工作中解脱出来，达到身心放松的目的。

健身性：轮滑是一项全身性运动，它能促进心脑血管系统和呼吸系统机能的改善和新陈代谢作用的加强，能增强臂、腿、腰、腹等肌肉的力量和全身各个关节的灵活性，特别是能提高人们掌握身体平衡的能力。

工具性：除了上述两个特性外，轮滑还具有很多体育项目所不具备的一个特性，就是它可以当作交通工具。一般情况下，在平整的路面上，轮滑可以成为代步交通工具。

三、轮滑运动的种类

轮滑运动是脚蹬四轮特制鞋在坚实平坦的地面上进行滑行运动，种类包括速度轮滑、花样轮滑、轮滑球及单排轮滑和双排轮滑。在轮滑场上举行的轮滑项目即是花样轮滑。速滑分公路赛和场地赛两种。

第二节　轮滑运动对人体的作用

第一，轮滑运动刺激、惊险，具有很强的娱乐性和趣味性，经常参加此项运动，可使大学生从紧张和繁重的学习压力中解脱出来，消除疲劳，调解精神，使身心得到放松。

第二，轮滑运动需要用腿部蹬地、双手用力掉过去、身体支撑等来提高滑行的速度，经常参加此项运动，能提高人们的腿、臂、腰、腹肌的力量。

第三，长距离的轮滑比赛，需要人体的心血管系统、呼吸系统的积极参与，经常参加此项运动，能使人的心血管和呼吸系统的功能得到改善和加强。

第四，轮滑运动是借助轮滑鞋而进行的，这对参与者的身体平衡能力和各关节灵活性都提出了很高的要求。经常参加此项运动，能有效地增加人们足、膝、髋关节的灵活性和掌握身体的平衡的能力。

第三节　轮滑技术

一、轮滑的身体平衡技术

轮滑鞋的滑轮与地面接触面积较小，在前进或左右移动时，掌握身体的平衡技术显得十分重要。

（一）轮滑预备姿势时的身体平衡技术

开始轮滑时的预备姿势，滑轮处在静止状态，为了保持身体的平衡，膝关节微曲，身体微前倾，身体重心应平均地落在两脚上，两手放在体侧调整身体的平衡。

（二）左（右）脚向侧蹬出时身体平衡技术

静止状态下身体重心是平均落在两脚上，当左（右）脚向侧蹬出前进时，身体重心应立即移至右（左）支撑脚上，两手前后摆动配合掌握身体平衡。

（三）跳跃时的身体平衡技术

轮滑过程中，滑轮过障碍需要跳跃时，两臂向上摆动，带动身体重心上升，跳跃结束落地时，身体重心下降，踝关节、膝关节弯曲减缓落地的冲力，两臂侧摆保持身体平衡。

二、轮滑侧蹬平衡技术

以轮滑的基本姿势开始，身体重心落在两脚上，侧蹬前进时，逐渐将身体重心移至支撑腿上，侧蹬腿向体侧平衡伸出用脚向侧蹬，侧蹬到腿伸直后举脚微离开地面，收回与支撑腿平行。

三、轮滑侧蹬移动技术

以轮滑的基本姿势开始，身体重心落在两脚上，侧蹬移动时，侧蹬移动方向的同侧脚向侧蹬 2～3 脚的距离落地，身体的上身向侧蹬移动方向倾斜，随之身体重心落在侧移脚上，与此同时，侧蹬移动的另一脚有意识地用脚尖蹬地，蹬至腿直后侧蹬移动方向的同侧脚并拢成基本姿势。

四、轮滑的交叉技术

轮滑的基本姿势开始时，以左交叉步为例，身体重心先向左侧倒，左脚随之向左侧迈出一步，左肢落地承接身体重心后，身体重心继续向左移动。此时，右大腿带动小腿从左腿放松移过，落在左脚左方处，并马上承接身体重心，然后身体重心继续左移，左脚随之收回并继续向左侧蹬出。轮滑的左交叉步完成。

五、轮滑的停和急停技术

（一）轮滑的刹停技术

（1）以八字脚放慢滑行速度，手臂放在身体两侧保持平衡，滑行中即可将轮滑缓慢刹停。

（2）两手放在体前保持平衡，急停时，自然摆腰部带动身体转动，身体重心落在支撑脚上，同时，另一脚顺滑半圈，侧斜滑轮刹停。

（3）两手放在体前保持平衡，身体重心落在支撑脚上，身体前倾，用另一脚滑轮内侧缓缓拖慢停下。

（二）轮滑的急停技术

两手放在体侧保持平衡，急停时，自然舞动带动身体转动，身体重心落在支撑脚上，同时，另一脚顺滑半圈，侧斜滑轮刹停。

第四节　轮滑技术训练

一、身体平衡技术训练

（1）原地踏步，练习静止的身体平衡技术。

（2）用互助法和扶助法练习平衡，两个人相互扶助或双手扶在身边的横杆或其他物体上，前后左右移动，练习平衡技术。

（3）牵引法。借助外力练习平衡，比如可以通过对静止物体的反作用力使自己滑动；让别人将自己推动；抓住正在移动的人或其他物体，使自己前进或后退。

二、滑跑技术基础训练

（一）陆地模拟技术训练

陆地模拟技术是指不穿轮滑鞋在地上做轮滑的姿势和滑行动作。在正式穿轮滑练习前做这些模拟技术练习，可以帮助练习者掌握正确动作要领，在滑行中少走弯路。

（二）速度轮滑的基本蹲姿训练

做好基本姿势后，双脚支撑静蹲 10 秒后，然后做两脚交替支撑。身体重心移到单脚上，另一腿不负担重量，静蹲 10 秒左右换另一脚支撑。

（三）侧蹬技术训练

做好速滑基本姿势后，重心放在一支撑腿上，另一腿向侧平行伸出后用脚尖蹬地，蹬地到腿伸直后再收回原位，换另一腿伸出侧蹬。
要求：
（1）重心放在支撑腿上，膝盖位于胸部下面。
（2）侧出的脚要轻擦地面向侧蹬出。
（3）侧蹬腿要伸直，收回时，以大腿带动小腿，注意放松。
（4）侧出的脚的脚尖和支撑脚尖在一条平行线上，不要向侧后方向蹬。

（四）侧倒技术训练

做好基本蹲姿后，上体向一侧倾倒，同侧的脚随之向侧移出 2～3 脚的距离落地，并马上承接身体重量，与此同时另一脚有意识地做一点蹬的动作，蹬直后，向另一腿并拢成基本姿势。稳定后再向反方向做侧倒动作。

要求：

（1）侧倒时肩、背、臂同时移动。

（2）腿的侧出动作要晚于上体的侧倒。

（3）脚侧出的距离应以蹬地腿伸直时重心落于支撑腿（即侧出腿）正上方为合适，不要侧出距离太大，以免重心跟不上。

（4）收腿时注意放松，双腿并拢。

5. 速滑直道滑行完整技术的模拟训练

（1）原地模拟训练，在侧倒的基础上，当每一腿蹬地结束向支撑腿收回时，大腿积极内收，但小腿和脚略向后摆，呈弧线从支撑脚的侧后方收回靠拢，然后接做向侧倒的动作。

（2）移动模拟训练，动作方向同上，只是侧倒浮脚着地时落在支撑脚的侧前方，每次向前移动半至一脚的动作。

（3）交叉步模拟训练，可站立做，也可半蹲姿势做。开始时重心先向左侧倒，左脚随之向左侧迈出一小步，左脚落地承接身体重心后，身体重心继续向左移动。此时，右大腿带动小腿从左腿前放松移动，右脚落于左脚左方并承接重心，然后重心继续左移，左脚随之收回继续向左侧迈出。如此即可做连续交叉步。

6. 速滑弯道完整技术训练

从速滑基本蹲姿开始，右腿向右蹬出，蹬直后大腿带动小腿回收，同时重心向左脚的左前方移动，右脚收回并从左腿前移过左脚。此时左腿开始向右侧蹬地，右脚落在左脚的左前方，即重心下方变成支撑脚。左腿蹬直后收回，并随着正在继续左移的重心向左擦地侧出，同时右腿又开始侧蹬，可连续做多次，还可以让另一人拉住练习者的右手做牵引练习，以帮助练习者大胆地向左侧移重心。

三、直线、弯道的滑跑技术训练

（一）直线滑跑技术训练

（1）滑跑姿势：助跑几步，借助惯性向前滑时，上体前倾，腿部屈蹲，双膝、双脚并拢，身体重心放于两脚中间，成滑跑姿势，借助惯性平衡地向前滑进，直到减速停止。

（2）移动重心：助跑几步成滑跑姿势，然后两脚迅速分开与肩同宽，保持平行滑进。此时身体重心完全移至一侧腿上，上体落在支撑腿上，鼻、膝、脚三点成一线。等平衡后再向另一侧移动，做到灵活地向左、右两侧移动重心。

（3）倾倒侧蹬滑行：助跑几步成滑跑姿势，借助惯性向前滑行。当身体重心完全移到一腿上，另一脚紧靠支撑脚抬起，脚尖下垂。此时，整个身体向内但倾倒（以髋关节带动）推动重心前移，随之浮腿跟上，在胸部下方随接身体重心。另一腿压地向侧蹬出，当腿伸直的瞬间，借助地面的反弹力，屈膝放松，以大腿带动膝盖内转，由侧位收回后位（至纵向垂直面内），再由后位前摆至前位着地支撑。

（4）臂、腿动作协调配合：两臂与两腿的协调配合动作，其配合的协调要点是蹬地同时摆臂，收腿同时收臂，蹬地结束臂摆至最高点，收腿结束回落至下垂点。开始时在慢速中练习，逐渐加快速度。

（二）弯道滑跑技术训练

与直线诱导动作练习相似，不同之处是，做直线加速助跑至小圆周内倾倒，并完成以左腿支撑、右腿蹬地、屈膝过渡到交叉压步和交接身体重心的过程，要注意的是，右腿蹬地时，身体重心自始至终不能转移。

四、滑跑技术实践训练

（1）均速长滑训练采用均匀速度长时间滑行训练，可巩固正确技术，还可以增强体力。

（2）低姿滑跑训练。采用蹲屈较深的低姿滑跑训练，练习腿部力量、稳定程度和爆发力，是针对短距离项目比赛采用的训练方法。

（3）利用惯性速度滑轮训练。用力起速，获得较大惯性速度后，在蹬力不大的情况下体会正确的技术动作，改进直道与弯道技术。直线时加速，练习弯道技术；弯道加速，出弯道后练习直道技术。动作准确、轻松、协调、省力。

（4）变速滑跑训练。练习定距离的和不定距离弯道的快慢交替滑跑，能大大提高变道速滑技术准确性和比赛中的应变能力。

（5）尾随滑跑训练。跟在技术好的人后面滑跑，学习正确的直、弯技术。培养滑跑的意识、速度感、节奏感和随时加减速的方法。

轮流领先滑跑时，每人轮流领先，领先者以较高的速度领滑，同时注意练习防止被超越的战术方法；尾随者在掌握尾随滑跑的速度、节奏的同时，还要掌握寻找超越机会。当领先一段时间或距离后，改由他人领滑。

（7）追逐滑跑训练。两人一组，前后间隔一定距离，双方都以最大速度滑跑，前者力求甩掉后者，后者力求追上前者。巩固快速滑跑技术，提高短距离滑跑速度。

（8）小圆周匀速滑和加速滑训练。训练在半径为 4~6 米的圆周上进行，匀速滑训练时主要体会弯道压步技术和身体的倾斜度；加速滑训练时提高身体倾斜度，要努力掌握压步技术和身体的倾斜度；加速滑训练时提高身体倾斜度，要努力贴住圆圈，防止被甩出。

（9）冲坡的进、出弯道训练。人弯道时尽可能冲滑至坡上，然后利用扣半弧的下坡冲力，加速弯道滑跑，以高速滑出弯道。

（10）进、出弯道的突然加速训练。进、出弯道时超越前者的最佳时机，练习在进、出弯道时要突然加速，用 1~2 个短步进行超越，并注意隐蔽、贴内线进行超越，不能犯规。

第五节　轮滑竞赛规则

一、速度轮滑竞赛规则

（1）比赛设备：采用单排、双排轮滑鞋的比赛工具的竞赛项目。

（2）比赛分类：速度轮滑分为场地跑道比赛和公路比赛。

（3）比赛场地：场地赛的跑道像自行车场一样呈盆形，公路赛为平坦的公路赛道。

（4）比赛项目：

①场地比赛：男子 1000 米、5000 米、10000 米、20000 米四项，女子 500 米、3000 米、5000 米三项。

②公路比赛：男子为 42 千米轮滑马拉松赛，女子为 21 千米轮滑半程马拉松赛。

（5）成绩计算和名次录取。

速度轮滑的场地赛和公路赛，以竞赛者的比赛项目花费时间计算比赛成绩，以比赛时间先后排出名次，时间越短，成绩越好。

二、花样轮滑竞赛规则

（1）比赛设备：以单排、双排轮滑鞋为比赛工具的竞赛项目。

（2）比赛种类：花样轮滑比赛分为规定图形滑、自动滑、双人滑和双人舞四个项目上。

（3）比赛场地：比赛场地为不小于 50 米长、25 米宽的标准轮滑场地。

（4）成绩评定：

①以花样轮滑比赛各种动作（规定）的难易程度打分。

②以花样轮滑比赛各种舞姿的优美程度打分。

（5）名次录取：以参赛者的动作得分和舞姿得分的总成绩判断名次，得分高者，名次列前。

第八章　舞龙舞狮

第一节　舞　龙

一、龙的传说

　　舞龙是中国最为广泛的一项带有浓烈中国特色的民间娱乐性休闲体育项目。在中国不同区域都可以发现舞龙的身影，而在大部分少数民族中，舞龙又是其世代沿袭的重要传统娱乐项目之一。这项活动，朝气蓬勃，生机盎然，以其雄姿巍巍的形象，浩气凛然的气概，充满希望的喜悦，那神韵美，气势美，为世人瞩目。而舞龙中所蕴含的团结、融合、奋进、勇敢、创新等中国传统美德促进了中华精神的发扬。

　　"龙"在《辞海》中释义为：龙是古代传说中一种有麟角须爪能行云布雨的神异动物，是中国最为有代表性的图腾。它象征着中国人的团结、融合、奋进、积极的生活态度和精神理念。在中国数千年的历史长河中，龙一直伴随中国人左右，是中国历代各个阶层所推崇的精神统领，也是中国人最为喜爱的吉祥之物。许多古代建筑（如皇宫、庙宇、宫殿、祠堂、石碑）中都有大量的龙的雕刻，甚至在陶瓷、古钱币上都有精美的龙图案，可见龙在中国人心中有着不可取代的地位。

且不说封建社会用龙作为皇帝的象征，伏羲氏时代，以龙来命名官名。而在中国的 56 个民族中，大部分的民族记载中不同程度地提到龙，并有着以龙为祖先的记载。

在诸多与龙相关的传说和记载中，"喜水"是龙的重要特性。行云布雨、司水理水俨然是龙最重要的本职工作。水对于一个以农业为主的定居民族来说尤为关键。古人认为：虽说龙的本职工作是行云布雨，但龙也有好有坏，有的乐善好施、秉公职守；有的兴风作浪、玩忽职守。这就使得天气有好有坏，有时雨水充沛，有时干旱连连。古人在雨水充沛、丰收之时就兴起各种祭祀活动来感谢龙，而在旱时奉上祭品或作各种法式来祈求、提醒龙。据董仲舒《春秋繁露》中记载，汉代春旱求雨舞青龙，炎夏求雨舞赤龙和黄龙，秋季求雨舞白龙，冬季求雨舞黑龙。这些龙长达数丈，每次出动五至九条不等。而龙所具有的"好飞、通天、征瑞、显灵"等神性又使龙成为通天地、祈福和避祸的主要崇拜对象。在农历的七月，土家族会选择一天举行泼水龙仪式。届时，家家户户会用早早准备好装满水的水桶、盆和泼水用的工具等，当用稻草和柳树条扎成的泼水龙在锣鼓声的伴奏下舞到家门口时，全家老小便将水不停地泼向龙头、龙身和舞龙者的身上。谁家的水泼得越多就意味着谁家的好运就越多。鼓声震天、水花四溅，场面热闹欢快，人借助舞龙这一艺术表现形式祈求平安幸福的同时娱乐身心，实现了古人对天人合一理念的追求。

二、舞龙运动的起源

舞龙早见于古代，相传粤闽边界汀江河西的横江、铲坑两个村子，在四五百年前，只是渺无人烟、虎狼盘踞的大山嶂。后有江姓叔侄二人，随着家庭流迁，由闽入粤，客居于大山嶂对岸的虎头沙村。为了创家立业，下定决心开发这片大山嶂，毅然横江西渡劈山垦土，斩荆棘、驱虎狼，为后人奠定了基业，成为开发这两个村寨的先驱者。为了纪念先辈开基创业的事迹，继承、发扬先辈创业似乌龙过江的气概和精神，后人特在节日舞黑龙，誉之为乌龙过江。另外一个传说是，距今七百年以前，新会荷塘有个人在四川做官，那里流行白天舞纱龙的风俗，其舞龙规模较小，仅十多节。后来，这位官员告老还乡，把制作纱龙和舞龙的技艺带回来加以改革，指点乡人做了一条20多节的大纱龙。从此，当地舞龙的风俗产生，并传到港澳及海外。

　　而最早有文字记载的娱乐性舞龙出现在汉代。当时皇家就以"鱼龙曼延"为娱乐形式。《汉书·西域传》载："遭值文、景玄默，养民五世，天下殷富，财力有余，士马强胜……设酒池肉林以飨四夷之客，作巴俞都卢、海中砀极、漫衍鱼龙、角抵之戏以观之。"颜师古解释说，"巴俞都卢""海中砀极"都是歌舞之名，而"鱼龙"，则是由人装扮成一种来自西域的巨型珍兽——舍利之兽，先在庭前舞蹈戏乐，然后到殿前激水，于水花飞溅中，化作一条巨大的比目鱼，"跳跃漱水，作雾障目"，然后，再化身长八丈的黄龙。如此可见，到汉代时舞龙已成为一种大型的娱乐观赏活动。之后，以娱乐为主要目的的舞龙运动不断吸取佛教、道教的文化，并与不同地域的少数民族文化相结合。隋代，舞龙表演中不仅表演的场面和规模有了进一步的发展，而且开始与各类乐器相融合。《隋书·音乐志》记载："大业二年……初于芳华苑积翠池侧，帝帷宫女观之。有舍利先来，戏于场内，须臾跳跃，激水满衢……又有大鲸鱼，喷雾翳日，倏忽化成黄龙，长七八丈，耸踊而出，名曰黄龙变。"唐代是古代中国较为稳定、经济发展迅速的一个历史阶段，与繁荣开明的盛唐气象相吻合。唐代的龙纹具有丰满富丽、强劲健达的特点。而体现在舞龙上是灯与龙的结合，以及复杂、绚丽的龙纹和坠饰。唐代诗人张说《踏歌词》中"龙衔火树千灯艳，鸡踏莲花万岁春"描绘了热闹的舞龙场面。宋代的民俗艺术中不断对舞龙进行壮大和发展。南宋吴自牧在《梦粱录》记载"元宵之夜……草缚成龙，用青幕遮草上，密置灯烛万盏，望之蜿蜒如双龙之状"。讲述了在夜间舞龙灯的盛况，两条明光闪闪的烛光双龙在黑夜中蜿蜒游动的神奇场面。而北宋初年，画家董羽在《画龙辑议》中提出"三停九似说"不但对后来的画龙技法产生了深远的影响，而且对舞龙中龙的形象和造型都奠定了深厚的理论基础。元代，延续了宋代的舞龙风俗，更突出了舞龙民间娱乐性。诗人阎尔梅在《丙午元宵》一诗中云："八宝龙灯舞万回，灯光璀璨百花台。"

清代时舞龙在表演上开始追求形神兼备和技巧。李渔在《龙灯赋》中说："行将飞而上天兮，且宇宙而不夜。不则潜而入海兮，照水国以夺犀。"而且舞龙种类也越来越多，清代诗人汪大伦描述舞火龙的《龙灯》诗曰："鳞甲攸喷火，飞腾照夜分。市场飞如海，人影从如云。"而由于清代龙与帝王皇权交融盛极，使龙的形象在三停九似的大背景下过度地追求装饰化、图案化，这大大丰富了龙的装饰以及尾部的造型。

三、舞龙的发展

（一）组织的建立

中华人民共和国成立后，国家体育中心通过挖掘整理、吸收、创编和试办各种类别的舞龙比赛，使得这一民间传统习俗，逐渐发展成寓身体锻炼于精彩表演之中的群众娱乐性体育活动。进入 21 世纪后，在经济全球化带动下的文化全球化中，舞龙以它那带有娱乐性、趣味性的喜庆表演，集竞技和健身等多种功能于一体的文化活动形式，征服了世界各地的人们。它已由原来的宗教祭祀活动变为中国优秀传统文化的载体，活跃在世界各地的舞台上。

（二）快速发展阶段

1995 年 1 月，国际龙狮总会在中国香港成立，将总部设在北京。同年 2 月舞龙被列为全国正式比赛（四类）项目，批准成立了"中国龙狮运动协会"，出版了《中国舞龙竞赛规则》，并且创编了两套中国舞龙运动竞赛规定套路。10 月，中国龙狮运动协会正式成立。而很多地方性龙狮运动协会成立也推动了舞龙运动进一步发展，为收集各民族特色的舞龙习俗和推广这一浓厚民族项目提供了群众性的基础。

自 1995 年国际龙狮总会和中国龙狮运动协会成立以来，每年都举行多次大规模的国内国际龙狮比赛。而每一次大型比赛都为舞龙在新时期的发展拉开序幕。如第一届、第二届、第三届全国舞龙比赛，第一届、第二届国际龙狮邀请赛，以及第三届、第四届农运会舞龙比赛，都促使舞龙运动技术得到了迅速的发展。

据中国龙狮运动协会公布的数据，2002 年举行的全国和国际龙狮赛事就有十余次，而且一直处于增长的趋势。其中 2004 年在上海举办的第八届中国国际龙狮邀请赛，2005 年在广东举行的"黄飞鸿杯"世界狮王争霸赛，2006 年在云南举行的全国龙狮精英赛等赛事都取得了很大的成功。

（三）从民间到学校

舞龙是一项技巧性较强、持续时间较长、负荷量较大、趣味性较强并能够较全面地锻炼身体的项目。舞龙不仅在民间广为流传，在各大高校也慢慢流行起来。这不但进一步发展和丰富了舞龙运动及其文化内涵，同时也极大地宣传、延续了舞龙运动，进一步加大了其娱乐性和表演性，对这一带有浓厚民族特色的传统体育项目的传承起到了不可忽视的作用。从 1995 年以来，龙狮运动逐渐在高校兴起。湖南师范大学体育学院于 1997 年创建我国首支高校舞龙队；2001 年 7 月受教育部委托由社会体育指导中心主办，在北京体育大学举办了首届全国高等院校龙狮运动培训班暨中国大学生龙狮运动联合会筹备会。与会代表有全国 24 所大专院校的 50 余人。2003 年 12 月，中国大学生体育协会成立龙狮分会标志着舞龙运动作为一项适合学生身体锻炼、富有民族民间传统文化的体育项目正式走入大学课堂。同年中南大学成立中国大学生龙狮运动培训中心。12 月中国大学生体育协会龙狮分会在中南大学正式成立，同时由中南大学倡导先行的"全国百校龙狮进课堂"推广计划，在短短的一年多时间里，加盟高校已达 55 所之多，其中包括同济大学、华东理工大学、东北大学等著名院校，显示了龙狮运动良好的发展前景。同时，教育部在 2004 年也启动了"全国百校龙狮进课堂"推广计划，从北京体育大学、武汉体育学院、中南大学等学校开始，在大学中推广龙狮运动。这对丰富民族传统和推动龙狮运动的发展起着不可估量的作用。目前我国已有 100 多所高校成立了龙狮队。如湖南师范大学、中南大学、北京体育大学、上海体育学院、武汉体育学院、华南师范大学、沈阳体育学院、广州体育学院、南京师范大学等高校都有具备参加全国重大舞龙比赛实力的舞龙队伍。

这其中发展最好的当属湖南师范大学龙狮队，他们不仅拥有我国高校第一条"女子龙"，且整体队伍起步早，训练有素，经验丰富。2002 年 12 月，湖南师范大学舞龙队受国家体育总局的派遣，参加在马来西亚举行的第 2 届世界龙狮锦标赛获得亚军，这是我国首次由一支大学生队伍代表国家出征国际龙狮大赛。湖南师范大学女队于 2001 年组建。2003 年 9 月，该校 14 名女大学生组成的队伍，作为唯一的娘子军出征在广东佛山举行的第 7 届中国国际龙狮邀请赛，与男队同场竞技，获得铜牌。

近年来，一批从事龙狮运动教学和研究的学者，不断撰文，发掘舞龙运动背后的中国文化，结合实际赋予舞龙新的精神理念，使舞龙运动受到新的关注。纵观舞龙运动，它在不断地发展中发扬、摒弃中国传统文化，有选择性地吸纳现代流行文化元素，逐渐成为被全球各民族人民所接受并成为世界民间运动的宠儿。而融合性、民族性、规范性、科学性、娱乐性和大众性成具当今舞龙运动最为有代表性的特征。

四、舞龙简介

（一）舞龙的种类

龙是中国古人融合了多种动物和自然现象后又加以神化的一种图腾形象。而在龙文化漫长的发展中又不断地与各个地域的民族文化、习俗和信仰相结合形成了不同的风格。舞龙作为各地龙文化的一种艺术表现形式，呈现出不同的表现风格和形态。欣赏舞龙首先要分清龙的种类，辨别不同种类的舞龙就是一个非常复杂和有趣的过程。舞龙这个项目在不同区域、不同文化背景，不同节庆舞的"龙"的制作材料、形态、数目、色彩都是有区别的。舞龙活动表现形态、动作结构、动作特点、表现内容千姿百态。从表2-8-1舞龙的分类可以从不同的角度认识了解舞龙活动。

表2-8-1 舞龙的分类标准及其种类

序号	分类	名称
1	材料	布龙、草龙、纱龙、纸龙、钱龙、荷花龙、板凳龙等
2	形态	虫龙、蜈蚣龙、独角龙、短尾龙、鱼龙、蝴蝶龙、青蛙龙等
3	结构	缩龙、节龙、段龙、串龙、片龙、断头龙、断颈龙、折鳞龙、脱节龙、袖珍龙等
4	动作特点	游龙、懒龙、睡龙、飞龙、醉龙、爬龙、跑龙、跳龙、站龙、滚地龙、走马龙、圈子龙、坐仔龙、吊吊龙、拉拉龙、扭扭龙等
5	表现内容	罗汉龙、故事龙、母子龙、五股龙、云牌龙、绣花龙、高跷龙、顶碗龙、鱼化龙等
6	数目	独龙、双龙、单龙戏虎、一龙九柱、二龙戏珠、三龙相会、五龙供圣、九龙盘鼎、十三太保龙等
7	色彩	黄龙、白龙、黑龙、青龙、乌龙、苍龙、赤龙、金龙、彩龙、花龙、五彩龙、七彩龙等
8	道具	人龙和肉龙，专由女子耍的女子龙和由儿童耍的"娃娃龙"等

（二）舞龙中的民族个性

在纷繁的舞龙类别中，不难发现各民族的统一性和个性，而勤劳勇敢的先祖们不但用舞龙讲述本民族的英雄事迹，同时还将他们对这块祖祖辈辈赖以生存的大地的热爱之情都用舞龙表达了出来。江南地区自古多有荷花池塘，季节一到，荷花怒放，煞是好看，故江南有舞荷花龙的习惯。

五、舞龙的参与

（一）舞龙的动作

舞龙有不同结构和不同难度的动作。每个舞龙套路均由 5 类动作组成："8"字舞龙、游龙、穿腾、翻滚、组图造型动作。每个动作类别根据动作难度的不同，分别以 A、B 和 C 级区分。

1. "8"字舞龙动作

指在人体左右两侧交替做"8"字形环绕的舞龙动作，环绕舞龙动作的快与慢、原地与行进均可根据具体情况变化，套路中以多种方法做"8"字舞动。舞动中要求龙体运动轨迹圆顺，人体造型姿态优美，快舞龙要突出速度和力度，每个动作左右舞龙各不少于 4 次。

（1）A 级难度动作有：原地"8"字舞龙、行进"8"字舞龙、跪地舞龙、套头舞龙、搁脚舞龙、扯旗舞龙、靠背舞龙等。

（2）B 级难度动作有：原地快速"8"字舞龙、行进快速"8"字舞龙、快步行进快舞龙、抱腰舞龙、穿身舞龙、双人换位舞龙等。

（3）C 级难度动作有：跳龙接—蹲—躺快舞龙、跳龙接摇船快舞龙、跳龙接直躺快舞龙、依次滚翻接单跪快舞龙、挂腰舞龙（两人一组）、K 式舞龙（三人一组）、站式舞龙（两人一组）等。

2. 游龙动作

指通过龙体快慢有致、高低、左右的起伏进行，展现婉转回旋、左右盘翻、屈伸绵延的动态舞龙特征。舞龙时要求龙体圆、曲、弧线规律运动，舞龙者随龙体协调起伏行进。

（1）A 级难度动作有：直线行进、曲线行进、走跑圆场、滑步行进、起伏行进、单侧起伏小圆场等。

（2）B 级难度动作有：快速曲线起伏行进、快速顺逆连续跑圆场、快速矮步跑圆场越障碍、快速跑斜圆场、骑肩双杆起伏行进等。

（3）C 级难度动作有：站肩平盘起伏、直线后倒、鲤鱼打挺接行进等。

3. 穿腾动作

指龙体动作的纵横交叉形式，龙珠、龙头、龙体依次在龙身下"穿越"动作和龙珠、龙头、龙体依次在龙身上越过的"腾越"动作。穿越和腾越时，要求龙形饱满，速度均匀，运动轨迹流畅；穿腾动作轻松利索，不踩龙体、不拖地、不停顿。

（1）A级难度动作有：穿龙尾、越龙尾、首尾穿越龙肚等。

（2）B级难度动作有：龙穿身、龙脱衣、龙戏尾、连续腾越行进等。

（3）C级难度动作有：快速连续穿越行进（3次以上）、连续穿越腾越行进（4次以上）等。

4. 翻滚动作

指龙体做立圆或斜圆状连续运动，龙身运动到舞龙者脚下时，舞龙者迅速向上腾起依次跳过龙身的"跳龙动作"；龙体同时或依次做360°翻转，舞龙者利用各种滚翻等越过龙身的"翻滚动作"。

（1）A级难度动作有：龙翻身等。

（2）B级难度动作有：快速逆向跳龙行进（两次以上）、快速连续螺旋行进（两次以上）、大立圆螺旋行进（三次以上）等。

（3）C级难度动作有：快速连续斜盘跳龙（三次以上）、快速连续螺旋跳龙（四次以上）、快速连续螺旋跳龙磨盘（六次以上）、快速左右螺旋跳龙（左、右各三次以上）、快速连续磨盘跳龙（三次以上等）。

5. 组图造型动作

指龙体在运动中组成活动图案和相对静止的龙体造型。活动图案的构图要清晰，静止龙体造型要形象逼真，换型要紧凑利索，以形传神，以形传意，龙体与龙珠配合要协调。

（1）A级难度动作有：龙门造型、塔盘造型、尾盘造型、曲线造型、龙出宫造型、蝴蝶盘花造型、组字造型、龙舟造型等。

（2）B级难度动作有：上肩高塔造型自转一周、龙尾高翘寻珠、追珠、首尾盘珠、龙翻身接滚翻成造型、单臂侧手翻接滚翻成造型等。

（3）C级难度动作有：大横"8"字花慢行进（成形4次以上）、坐肩后仰成平盘起伏旋转（360°以上）等。

（二）舞龙比赛方法

舞龙比赛是在20米×20米的场地上进行，每支参赛队限定16人，设领队1人、教练1人、运动员14人（包括替换队员兼鼓乐手4人）。每队上场10人，由龙头（1把）、龙节（7把）、龙尾（1把）和龙珠（1珠）组成，行内人称其为"九把一珠"。龙身长度不少于18米，龙头重量不少于3千克，包括把杆在内的龙头高度为1.8米。器材不符合规定，不允许参赛。上场时须穿着具有民族特色的服装，舞龙队以持龙珠者为首从0号起，至持龙尾者9号止，上场队员均须佩戴号码标志。可采用录音或现场音乐伴奏比赛，一般以现场鼓乐和吹打乐音乐伴奏，乐队根据龙体舞动速度快慢变化做相应的音乐节奏调整。

整个舞龙套路比赛的时间为8~9分钟，时间不足和每超过15秒均要扣0.1分。由于龙头重量应不少于3千克，舞龙头者在整个时间为8~9分钟的套路比赛中运动负荷很大，所以规则允许自选套路的舞龙头者在比赛过程中可以有一次替换，但不得影响比赛进行。如果舞龙头者在替换中出现失误，按规则扣分。舞龙比赛采用10分制评分，规定和自选套路评分标准有各自的要求。

（1）规定套路评分标准（满分为10分）：动作规格分值为7分，有轻微错误扣0.05分，明显错误扣0.1分，严重明显错误扣0.2分；一种动作有多种错误，最多扣0.3分。布局、结构、精神面貌分值为1.5分，其中改变规定套路动作顺序和运动方向路线一次，扣0.1分；套路节奏松散，精神面貌不足，缺乏表现力，根据程度扣0.1~0.5分。音乐伴奏分值为1分，音乐伴奏须与舞龙动作、构图紧密配合，协调一致，很好地烘托舞龙气氛，如不符合，根据程度扣0.1~0.5分。服饰分值为0.5分，服饰不符合规则要求，扣0.1~0.2分。

（2）自选套路评分标准（满分为10分）：动作规格分值为7分，

有轻微错误扣0.05分，明显错误扣0.1分，严重明显错误扣0.2分。一种动作有多种错误，最多扣0.3分。编排分值1分，布局结构要合理，精神面貌和现场效果好。不符合者，根据程度扣0.1~0.5分。音乐伴奏分值为1分，音乐伴奏应与舞龙动作、构图紧密配合，协调一致，很好地烘托舞龙气氛。不符合者，根据程度扣0.1~0.5分。服饰、器材分值为0.6分。服饰整洁大方，色调与器材相协调，号码布佩戴统一整齐，给予0.3分；龙珠与器材制作符合规定，造型别致与精良者，给予0.3分。不符合者，根据程度扣0.1~0.2分。动作创新、动作难度分值为0.4分，对于技术新、难度大、观赏性强的创新难度动作，再多给予0.1分；根据难度动作的分值递增标准，给予0.05~0.3分不等。

比赛时，由7~9位裁判员现场评分，取中间5位有效评分的平均值为该队应得分。裁判长根据规则再在该队应得分中扣除出界、重做、套路时间不足和难度分等，所剩分值即为最后得分，得分高者名次列前。

六、舞龙活动的功能

（一）舞龙活动的健身功能

舞龙是一项技巧性较强、持续时间较长、负荷量较大、趣味性较强并能够较全面的锻炼身体的项目。加之舞龙以其动作丰富多样，趣味性强，使参加的人热情高，兴奋性持久，在娱乐的同时，既增强了体魄又掌握了技术。经过一段时间的舞龙练习，舞龙者无论是形体力量还是心肺功能以及耐力素质均会得到明显的改善。

（二）舞龙活动的调节心理情感功能

舞龙是一个群体性的运动项目，它讲究的是集体配合。它需要所有参加的舞龙者配合默契，高度协调，同心协力去完成龙的形态，表现龙的神态。运用集体的力量去体现龙"生龙活虎"的效果，并以多种动与静的变化，刚与柔的转换来展现龙的刚烈威猛之势、气势磅礴之态、顽皮好飞之性，同时还要表现出其超凡脱俗的仙骨神韵。在这项运动中往往能激发人们的深厚感情和凝聚力。

（三）舞龙活动的文化传承功能

当舞龙者们在中国古典音乐的指引下相互配合到了近似于完美之时，舞龙者与龙已完全融为一体。十个人步伐就如同一个人一样整齐，那龙就好似活了一般的上下飞舞。顿时，人与龙、天与地相呼应，龙与周围的一切都相融合，身心在这一瞬间得到了洗礼。对于赏龙者来说，在音乐配合下的舞龙是一场绝对的视觉与听觉的盛宴，而通过赏龙来认识、了解龙文化和中国传统。

第二节 舞 狮

舞狮是中国特有的一项以模仿狮子形态与神态为主的民族民间传统体育项目。利用人体多种姿态和狮头、狮尾双人配合，在行进动态和静态造型变化中将力度、幅度、速度、耐力等融入舞狮技巧中，完成各种高难度动作，或动或静，组成优美形象的狮雕塑，表现狮子的勇猛剽悍、顽皮活泼等习性。在历代的发展中，中国舞狮不断地与各个地区的文化相结合逐渐形成了南、北两派在狮形与演练风格都决然不同的两个较大的派别。与此同时，舞狮是作为一项具有多元功能的社会文化现象，随着时代的变迁发展和文化科技的进步，其功能内涵也在不断丰富和拓展。

一、舞狮的起源和发展

中国人对狮子非常崇拜和喜爱。狮子在中国人的崇拜中仅次于龙和凤。而狮子的故乡并不是中国，它本是生活在西亚和非洲的——外形雄壮、威武有力的动物并早有百兽之王的美誉。中国最早并无"狮"这一称谓，在《说文解字》中亦无此字。据考证，它是从古波斯语的音译过来的，后经汉语写为"狮"而被广泛使用。但早在公元前6年，中国古汉语中亦称其为狻猊、金猊或灵猊，这是由梵语转译而来，为龙生九子中之一，传说它好烟火又好坐，在庙中佛座及香炉上都可以看见它的身影。

追溯历史，狮子是作为西域贡品被引进到中国的。参阅史籍可知，公元87年，大月氏、安息等国为了结好汉室，不远万里把狮子作为祥瑞之物送到中国，这一友好活动引起了朝野的关注，也引起了人们对这一瑞兽的喜爱。汉朝以后，历朝历代均有贡狮记录，直到清康熙十七年（1678年），葡萄牙使臣本都进贡非洲狮为止，期间一共持续了1600多年。这一千多年的贡狮历史，也是东西方文化融合和发展的过程，从一开始的受抵触到逐渐地被接纳，转而成为人们心目中吉祥如意的象征，甚至可与中国传说中的龙、凤、麒麟等神物相提并论而共居庙堂，足见其文化底蕴之深，影响力之大。

中国舞狮起源于何时，在不同历史记载中有不同的说法，而在民间也有着许多的传说。

第一种说法：舞狮起源于三国时期，盛行于南北朝，北魏杨炫之在《洛阳伽蓝记》中便记有"六牙白象负释迦在虚空中，四月四日此象常出，群邪狮子导引其前"。从这里可以知道，狮子已和佛教相融合，并成为佛教中的常用道具和开路先锋。而最为明显的证据就是，众多菩萨的坐骑都是狮子或狮子的变形。而狮子的庄重、安静、威严也和佛教的形象相一致。所以在佛教盛行、庙会频频举行的南北朝时期，舞狮应运而生，迅速发展也就并非偶然了。

第二种说法：是在1500年前的北魏时代开始兴起，"当时北部匈奴作乱，他们特制木雕头用具，用金丝麻缝成狮身，派多名善战者到魏进贡，意图趁舞狮时行刺魏帝，幸为忠臣所识破，迫使他们知难而退"。后因魏帝喜爱舞狮，命令仿制，舞狮得以流传。

第三种说法：根据史籍最早的记载，真正的"舞狮"记述是《通典》卷六第一百四十六条记载，北魏道武帝天兴六年（403）诏太乐总章鼓吹增修百戏，造五兵角抵、麒麟、凤凰、长蛇、白象、百武（虎）后诸畏兽、鱼龙、辟邪，《梁书》在兴修百戏的记载中也提到辟邪，而从晋代出土文物青釉狮形瓷水注称之为辟邪的形象来看，辟邪就是狮子，说明不论是北魏还是梁代，舞狮已正式列入百戏表演的行列。

第四种说法：在封建经济文化高度发展的唐代，外事交往频繁，西域康居等国，送来的狮子不在少数，也促使齐装舞狮得到更广泛的发展。不过在当时并不称为舞狮，而是称其为"太平乐"，据唐书《音乐志》以及新唐书《礼乐志》上都有类似的记载：戏有五方狮子，高丈余，各衣方色，每一狮子有12人，戴红抹额，衣画衣，执红拂子，谓之狮子郎，舞太平乐曲。据此不难想象唐代宫廷舞狮的盛大场面。五方狮子，又叫五帝狮子，它们披着青、赤、黄、白、黑5种色彩的狮被（又叫狮子皮），每个狮子都有一丈多高，分东、南、西、北、中五方站立。由12个穿着五彩画衣、扎着红抹额头饰的狮子郎手持红拂子追引雄狮，狮子前俯后仰，活跃异常，在鼓乐喧天的龟兹乐伴奏下，140人的大型合唱队，高歌太平乐。这种宫廷齐装狮子的表演，人众狮大，气势磅礴，蔚为壮观。按其描述的形式可知这种太平乐和现代的舞狮已极为相似。另外，有关中国舞狮起源的说法仍有很多。而在众多的舞狮历史叙述中都提及唐代，认为唐代是中国舞狮壮大、繁荣并开始大规模的流行于民间的时期。著名诗人白居易在《西凉伎》中所描绘："西凉伎，假面胡人假狮子，刻木为头丝作尾，金镀眼睛银帖齿，奋迅毛衣摆双耳，如从流沙来万里。"看来，当时舞的狮子已相当考究了，而现代的舞狮就是以唐朝的模式为雏形的。

南宋苏汉臣画的"百子嬉春图"，给人们留下了宋代儿童狮舞的宝贵资料。宋代，武术进入百家戏。舞狮吸纳了武术的动作和表演形式，在百家戏的繁荣和发展的背景下，不仅在表现形式上有成人表演的狮舞和儿童表演的狮子戏球舞，还大大丰富了狮舞的内容，出现"狮子合舞和狮子会"等名目。

明代初年，广东佛山怪兽肆虐，乡农舞狮头驱之。自此，逢年过节，当地人民都有敲锣打鼓，挨家舞狮，以示消除灾害，预报吉祥。

清代，各地以舞狮为名组织起各种的狮子堂，舞狮内容更加丰富多彩，舞狮的种类和表演形式多起来，有赞狮、少狮、手狮舞、火狮子、板凳狮、文狮、武狮等。舞狮活动一般在春节、灯会、庙会和迎神赛会期间进行。正月初一至十五各路舞狮组织敲锣打鼓纷纷出动，走街串巷到各村镇去拜年、踩青。有时各路狮子欢聚一堂，与武术同场竞技表演，并伴有铿锵有力、节奏鲜明的锣鼓，使群狮欢腾活灵活现，不仅活跃了民间的文化生活、陶冶了情操、净化了灵魂，还鼓舞民心、催人奋进。至此，民间舞狮已成为逢年过节、喜事庆典不可缺少的民间艺术表现之一。而在民间文化传承性的指引下，舞狮运动也逐步走向成熟。如今，凡有华人聚集的地方，逢年过节都能看到舞狮的活动。"舞狮与喧天的锣鼓交相辉映，场面宏观激人奋进。"舞狮已超越了娱乐范围，不仅成为中华民族优秀的民族文化，变为人民喜闻乐见的民间民俗的体育娱乐活动，还成为中华民族向往美好事物的精神寄托，表现了人们乐观、团结和勇敢奋进的信念。每年一度的国内龙、狮赛和国际龙、狮赛已成为龙、狮运动的亮点，让这一带有中国特色的民族民间体育项目逐渐被世界各地的人们所喜爱和接受。

可以认为戏的表演形式是狮舞的开始，狮舞是从模拟狮子的舞蹈开始的，是一种技艺高度发展的拟兽舞蹈。而舞狮作为民间民俗的表演艺术，狮雕艺术的繁衍也为舞狮运动进一步发展和完善提供了更加丰富的形式和内容。

二、舞狮运动简介

如今，人们进入了休闲时代。伴随着自身素质的不断提高，人们对相应能体现民族特性，又融竞技性、健身娱乐性、民族性、表演性、审美性和教育性于一体的具有高超的技艺性和观赏性的舞狮项目更加喜爱。

（一）舞狮运动赛事

舞狮运动发展到今天基本分成民间传统舞狮、现代竞技舞狮和群众性舞狮三个大的类别。在发展过程中三者相互依存、相互促进、相互提高并且在群众性舞狮的活动中包含着传统与竞技两种形式。

（二）南狮与北狮的技术动作分析

北狮的动作特点：北狮威武雄壮、勇敢好斗、豪放大度，具有王者风范。表演的狮头和狮被是不连接在一起的，但狮被把两人绑在一起，两人的协调配合便是完成难度动作的保证。表演阵容由引狮员、双狮5人组成，在平地、高台、梅花桩、球、跳板上进行表演。我国杂技舞狮均属北狮一派，形态动作雄壮威武，情态动作委婉和顺，表演风格比南狮细腻柔和。表演不仅有引狮员与单狮、引狮员与双狮不同组合的戏耍，还有斛斗和叠罗汉等高难度动作的造型技巧，另外从表演器材、动作的多样性、表演的趣味性等方面，北狮都具有它独特的表演风格。

南狮的动作特点：南狮是从北方黄狮脱胎而来，从中原流传到南方，也称醒狮、武狮等。南狮性格和顺、动作灵巧活泼、潇洒威武。狮型为头圆嘴似猫，额上多一角（石独角兽）。头有黑、红、黄三种，表示桃园三结义刘、关、张的性格，头有角，以示威武。南狮的发展过程为，由黄常狮—独角狮—佛山狮发展为现代的综合狮。南狮的表演形式主要是单狮（由两人组成）在桩阵上表演为主，地面表演为辅。因为南狮的狮头和狮被是连接在一起的，队员之间不捆在一起，运动比较自由，动作速度快，灵活多变，运动幅度大，难度高，惊险性大，突出在蹦、跳、飞跃、踩青等动作上，桩上飞跃技巧是南狮动作之精华，成为南狮表演的一大亮点。

南北狮在保持了传统舞狮的特点的基础上，相互学习共同提高。南狮把北狮的梅花桩发展为桩阵，把北狮的走横梯发展为南狮的钢索，并学习北狮的翻滚动作。北狮向南狮学习飞跃、回头跳、坐头、环回走等技巧动作。

（三）理解舞狮的内容与含义

北狮：主要以双狮与引狮员的相互配合为主。表现：双狮戏球、双狮争球、引狮员戏狮、狮子上台等。用摇、点、摆、错、叼等手法配合偷步、跑步、半马步等腿法来表现狮子顽皮、好动的天性。

南狮：主要表现狮子出外觅食的情景。踩青主题是画龙点睛之作。整个踩青过程有如一场舞剧或一个故事，要有起、承、转、合，能借助器材的设计来演绎狮形八态，表达出山、岭、岩、谷、溪、涧、水、桥、洞等意境。在觅食过程中用不同高度的桩柱来表现所遇到的困难。如在表现狮子多疑和顽皮的个性时，我们经常可以看到南狮在第一次上桩时，腿会发抖，而在上桩成功后又用反复跳转表现出狮子高兴戏耍的心情。

北狮和南狮虽在外形上差别比较大，但在实质上都是追求对狮子形与神的描述，用不同的内容，从不同的角度来刻画狮子在中国人中的形象，并通过不同的内容来表达中国人勇敢奋进、团结向上、热爱生活、精神焕发等民族精神。

三、舞狮运动的参与

（一）舞狮运动的装备

1. 人员

北狮：两头狮子（两人一组）、一位引狮员。

南狮：一头狮子（两人一组）、大头佛（一人）古乐伴奏五至七人。

2. 高台

方形桌或长条形桌，一张或数张。可根据需要相互叠加来增加难度和可观赏性。一般常见为大红色。南北狮都适用，但北狮较多，用以比喻假山或各种障碍物。

3. 桩柱

在舞狮表演中可以设置长短各异的桩柱，桩柱一般长不过 3 米，不低于 0.5 米，整个桩阵长一般不超 15 米，不少于 10 米，半径可达 2 米。在桩柱上有一直径为 0.38 米的圆盘，可供队员站立。而在桩柱下要用海绵垫做好保护措施以免受伤。

（二）舞狮技术准备

要掌握一些基本的武术步行，还应学习一些南拳的步型来丰富舞狮者的动作和加大狮子的动作弧度。在舞动狮头时还应注意要学会使用武术中的寸劲来表现狮子的头部、嘴部的动作。而最重要的是要相互配合，动作要协调一致，特别是在上腿时，要做到快、准、稳。

四、舞狮的功能

（一）增强身体素质，提高心智能力

改善和提高人体的健康水平；发展灵敏和快速反应能力；培养人

的心理素质和顽强的意志品质；提高人的智力水平。

（二）拓展人际关系

舞狮运动发展到现在，它已经排除了单纯的娱乐、单纯的竞技而进入了更大、更广阔的领域。舞狮运动作为展现中华民族现代精神面貌——东方雄狮的使者、友谊的使者，其壮美的形象，为世界各国人民所喜爱。海外华人热爱舞狮，世界各国的人民也热爱舞狮。在历届国际舞狮比赛中，海外各国的舞狮运动员展现出了高超的技巧和难度，可以说舞狮运动是一座国际交流的桥梁。

（三）缓解工作及生活压力，调节情绪

舞狮是一种集武术、杂技、舞蹈、音乐等综合因素的体育项目。舞狮动作内容丰富，通过鼓乐将舞、武结合，可以满足人们的强身健体、文化娱乐的需要。对于表演者是精神和身体的双重锻炼，对观赏者则是愉悦了身心，活跃了生活气氛，丰富了业余生活。因此，舞狮运动呈现出多姿多彩的表演风格，并带有浓郁的民族色彩。

第三篇　京津冀休闲体育的发展

一、京津冀休闲体育基本概述

随着中国社会经济的飞速发展，京津冀区域已成为我国第三大经济带，国家对京津冀经济带及休闲旅游带的范围、发展给予了明确的定位，希望三地进一步合理分工、协调布局、扬长避短、发挥优势，形成区域整体综合实力。

京津冀经济带位于华北平原的北部，地势由西北向东南倾斜，地貌地形齐全，自然风光秀美。北部的张家口和承德坝上是内蒙古高原的延续，拥有骑马、射猎、滑草、滑雪和滑冰等多姿多彩的草原风情和草原休闲体育资源。地处北部雄伟的燕山山脉横穿河北东西，位于河北西部太行山山脉纵贯南北，为人们提供了丰富的登山、远足、攀岩和定向运动等休闲体育环境。京津冀经济带是全国集海滨、平原、湖泊、丘陵、山地、高原等地貌地形齐全、自然风光秀美、休闲体育自然环境丰富的地域。

二、京津冀休闲体育资源

京津冀经济带已形成休闲旅游和休闲体育带。首都北京，直辖市天津，河北省石家庄、唐山、保定等城市内，每距 500～1000 米就设有绿地公园，其中设有满足人们进行休闲体育活动的场所和设施。各城市内体育馆、游泳馆、高尔夫球场、网球场、羽毛球场、健身俱乐部、健身房等体育场所星罗棋布，为人们每天利用 30 分钟到 1 小时闲暇时间参加休闲体育活动提供了保证。据《中国文化文物统计年鉴》数据统计，河北省体育健身场所 4000 多家，从业人员近 5 万人。河北省历史悠久，古迹众多，现有国家级文物保护单位 88 处，居全国第 3 位，且是全国唯一兼有海滨、平原、湖泊、丘陵、山地、高原的省份。此外拥有独特的民俗风情和特殊的旅游文化资源，如沧州的武术、吴桥的杂技和永年的太极拳等都已名扬世界。北京延庆、河北张家口崇礼的滑雪场，张家口、承德的草原风情、赛马场、模拟野战场、滑沙场、滑草场，保定、石家庄地区的红色旅游体育项目，登山、漂流、高尔夫球场、竹筏、蹦极、速降、攀岩运动基地和山地户外营地等设施齐全。滨海城市几百公里的海岸线上，建有以游艇、帆船、帆板、游泳、沙滩足球、沙滩排球、沙滩篮球、铁人三项、垂钓、健美、拔河、风筝等项目为主，集阳光、海水、沙滩为一体的滨海休闲健身基地，融合成滨海观光休闲体育带，为人们利用每周 2 天的常规假日、驱车 1~4 小时便可享受休闲体育、愉悦身心提供了保证。

三、京津冀休闲体育发展现状

在京津冀三地中，北京、天津的经济发展水平较高，但河北由于受到行政区域划分影响，经济水平较两地要低得多，导致三个区域合作意识不强，表现出河北在与京津冀合作中产业功能缺位的现象。

（一）休闲体育产业发展程度与体育资源上三地存在较大差距

从体育产业发展程度上看，首都北京的体育产业主要涉及的是高端赛事、体育赛事相关传媒及创意策划，作为直辖市的天津在经济发展上也远优于河北，在体育产业上的业务主要涉及的是国际性体育商务、体育会展及滨海运动休闲产业。河北作为资源大省，依靠其独特的地理人文资源主要发展的是生态休闲运动和旅游产业。京、津两地作为地区中心城市，具有自我本体产业发达且市场发育成熟、体育人才资源丰富、场馆设施完备、体制健全等诸多优势。这就决定了京津在区域协作中的主导地位，同时对河北体育产业的发展也将产生辐射带动作用。

此外，京津地区因高人口密度、大资金流动量与相对较小地域面积之间的矛盾，带来的是体育产业资源紧缺，导致京津地区体育消费价格过高。这样一来，就为地处京津交界的河北提供了发展机遇，河北利用自身优势发展中低端体育产业项目和质优价廉体育服务或产品，满足京津地区体育实体产业和广大群众需求，将会使京津对河北体育市场产生依赖。因此，京、津、冀三地根据各自的特点进行定位，即形成以首都为中心、天津作为副中心、河北为腹地的发展策略，形成错位发展、差异协同的协作模式是京津冀体育产业发展的最终选择。

（二）体育产业结构存在差异

北京市休闲体育产业粗具规模，出现了一大批体育健身休闲经营企业。这些企业多以多业态发展，满足北京市民的消费需求，形成了北京具有特色休闲体育的产业圈。此外，体育文化娱乐、体育彩票、体育用品等多种形式的产业发展较快。但是，作为具备举行国际型体育赛事场馆和设施的资源却得不到充分的发挥，表现出极大的资源浪费。体育产品制造业涉足很少。天津体育产业分布以体育产品制造业和大型体育赛事为主，近年来成功举办了一些国际和国内的赛事，体育用品制造企业也有一定的数量，但龙头企业不多，知名品牌寥寥无几，在休闲体育产业的开发上存在不足，虽然具备了丰富的休闲体育产业发展的硬件条件，但发展态势和消费者需求存在很大的差距。河北是资源大省，有着发展体育产业丰厚的人文地理自然条件，但由于河北的经济发展状况和人们的消费水平较京津地区低得多，所以在开发程度上存在着很多的潜力与不足。河北张家口的崇礼国际滑雪节、狼牙山登山节、保定空竹艺术节、沧州国际武术节、邯郸广府太极拳大会等，都已成为具有河北特色体育文化品牌，每年吸引几十万人参与这些活动。但由于河北本身经济发展问题，体育产品的高端性和前瞻性上还存在着很大的不足，休闲体育产品质量有待进一步的提高，应引进先进的理念和技术。京津冀地域协作，体育产业联动发展是历史和社会发展的必然。

（三）管理体制矛盾较多

目前，京津冀体育产业管理模式存在的共性就是，属于政府主导事业管理型，表现为管理体制不顺、企业运行机制不灵活，制约着产业的发展。

四、京津冀休闲体育发展方向

（一）将休闲体育产业作为促进京津冀一体化协同发展的先导产业

促进京津冀一体化，加强环渤海及京津冀地区经济协作，国家将实现京津冀协同发展作为一个重大国家战略，要求坚持优势互补、互利共赢、扎实推进，加快京津冀地区科学持续协同的发展，加强人才、交通、物流、通信、环境、资源、金融、科技、公共服务等方面的合作交流。休闲体育业作为一个新兴产业近年来迅速发展，将休闲体育产业作为京津冀一体化协同发展的先导产业，推动京津冀地区在各个方面的共赢共建，加强三地区域互通互联，优化三地资源配置，发挥三地优势互补作用，推动休闲体育产业良性发展，加速京津冀一体化战略目标的实现。

（二）全民健身国家战略将成为发展休闲体育产业的支柱力量

在《国务院关于加快发展体育产业促进体育消费的若干意见》中，国家第一次从产业发展的角度确认了体育产业的发展规划，把全民健身的发展上升到国家发展战略的高度，把增强大众体质、提高全民健康水平作为国家发展的根本目标，大众健身也将成为发展体育产业的支柱。加快产业的发展，以休闲体育作为切入点，发掘休闲体育产业发展的潜力，推动体育产业向纵深发展。加强休闲体育文化的宣传，营造全民健身的氛围，做大做实全民健身的基础。通过吸取国内外休闲体育产业发展的经验，借鉴国内外全民健身发展的模式，在政府的支持下，由社会力量参与，大力发展休闲体育产业，推进全民健身国家战略目标的实现。

（三）增加休闲体育产品和服务，拉动京津冀体育消费

发展休闲体育产业，休闲体育产品和服务的供给是关键。目前，我国休闲体育产业化的程度还比较低，与发达国家的差距较大。随着人均 GDP 和居民收入的提高，增加休闲体育产品，改善休闲体育的服务质量，我国休闲体育产业提升的空间很大。而且，从我国休闲体育产业的消费结构看，80% 来自体育用品、服装鞋帽等相关产业，体育赛事、职业俱乐部、健身培训等项目市场化程度比较低，这就要求休闲体育产业加速开发相关项目，挖掘市场潜力；进一步优化体育服务业、体育用品业及相关产业结构，不断推出吸引大众的现代化休闲体育产品和优质的服务；积极创新体育用品的制造，借助区域高科技服务的优势，采用新技术、新工艺、新材料，提升传统体育用品的质量水平，提高产品科技含量，推动京津冀休闲体育消费升级。

（四）发挥区位优势，充分利用三地资源

在京津冀一体化的发展中，通过人才、交通、物流、通信、资源、公共服务等方面的合作交流，促进三地休闲体育产业一体化的实现。优化休闲体育产业布局，合理配置休闲体育资源，因地制宜地发展休闲体育产业，利用自身的地理资源和人文资源，着力推出游艇、游钓、游船、冲浪、滑翔伞、帆船、摩托艇、沙滩排球、沙滩足球等富有滨海特色、新奇、参与性强的项目，与京津冀其他地区形成优势互补，打造出符合市场规律、具有市场竞争力的休闲体育产业基地，壮大京津冀休闲体育产业集群，增加居民喜欢的休闲体育项目的场地设施的建设，满足居民不断增长的休闲体育的需求，形成京津冀休闲体育产业良性的互动发展格局。

（五）开发休闲体育赛事，推动新兴休闲体育项目的发展

京津冀协同发展休闲体育产业，以休闲体育赛事作为切入点，使居民在家门口看到更多精彩的比赛，亲身感受休闲体育的魅力。同时

增加休闲体育健身场所的建设以及休闲体育健身俱乐部的建设，使观赏休闲体育比赛与亲身体验休闲体育项目相结合，鼓励发展水上运动、射击、马术、滑翔伞、攀岩等新兴运动项目，特别是对于中、高收入人群和年轻人的健身、娱乐，增加更多可选择的项目。开发休闲体育赛事，推广新兴休闲体育项目，既激发了居民参与休闲体育的积极性，又推动了京津冀休闲体育产业的发展。

参考文献

［1］李相如．论我国休闲体育的发展方向［J］．体育文化导刊，2012（5）：12－15．

［2］谢雨航．休闲体育探析［J］．体育文化导刊，2008（1）：63－65．

［3］孙晓伟，付道华．我国休闲体育传播的现状与趋势［J］．体育文化导刊，2008（3）：81－84．

［4］戴敬东．我国休闲体育研究综述［J］．体育文化导刊，2008（8）：71－74．

［5］童莹娟，李秀梅．城镇居民休闲体育的影响因素研究［J］．体育文化导刊，2007（11）：10－12．

［6］张宝荣，常彦军，伏宇军．河北城市居民休闲体育活动的调查研究［J］．体育文化导刊，2007（11）：13－15．

［7］尹立波．休闲体育运动文化与实践［M］．北京：新华出版社，2017．

［8］李静文．休闲体育产业与经营管理［M］．北京：新华出版社，2017．

［9］王东良．休闲体育［M］．兰州：甘肃人民出版社，2012．

［10］谢为．休闲体育概论［M］．成都：四川大学出版社，2014．